Christine von Brühl

Gebrauchsanweisung für Dresden

Piper München Zürich

ISBN-13: 978-3-492-27545-3
ISBN-10: 3-492-27545-1
2. Auflage 2006

Gesamtherstellung: Clausen & Bosse, Leck
Printed in Germany

www.piper.de

Für Professor Werner Schmidt, dem ich vieles in diesem Buch verdanke, nicht zuletzt das endlose Vergnügen an Dresden.

Inhalt

Statt einer Einleitung: Was haben die Brühls mit Dresden zu tun?

Wenn ich an Dresden denke, wird mir warm ums Herz. Ich denke an die zauberhaften Bauten im leichtfüßig-tänzerischen sächsischen Barock, Häuser aus gelbbraunem Sandstein, an die prächtige Komposition von Semperoper, Zwinger, Schloß und Hofkirche, wie sie sich elegant um die Elbe gruppieren, geschickt gerade an der Stelle vereint, wo der Fluß eine Biegung macht, was lebendig und anmutig wirkt. Ich denke an die breiten Flußauen, große Wiesenflächen, gänzlich unbebautes Land mitten in der Stadt. Grün sind sie fast während des ganzen Jahres, wild gehalten, unberührt. Ich denke an das sanfte Licht, in das die Stadt bei Sonnenschein getaucht ist. Besonders abends leuchten Fenster und Dächer, die orientalische Kuppel über der ehemaligen Tabakfabrik Yenidze oder das bunte Relief am Ministerium für Wissenschaft und Kultur schräg gegenüber in goldenem Glanz. Momente wie aus Samt und Seide. Nicht dem Barock und der anmutigen Lage verdankt die Stadt den Namen Elbflorenz – es ist wohl dieses Licht, das einem unvermittelt das Gefühl gibt, man sei in Italien.

Als ich zum erstenmal nach Dresden kam, war es bitterkalt. Januar 1990, große Eisplacken schwammen auf der Elbe. Ich kam mit meinem Bruder und Freunden, wir besuchten das Grüne Gewölbe, gingen in die Semperoper, zogen durch die Stadt, ein wenig verdattert, verwirrt, erstaunt darüber, daß alles so einfach ging. Wir hatten keine Freunde oder Verwandte in der Stadt, es gab keine echte Verbindung. Uns fehlten vierzig Jahre deutsche Geschichte.

Trotz der Kälte fiel mir der Zauber auf, der über der Stadt liegt. Sie wirkte märchenhaft, vergessen und gleichzeitig lebendig. Verheißungsvoll. Die Bauten sahen aus, als hätte hier ein ausgelassenes Fest stattgefunden, als habe überall Musik gespielt und die Menschen hätten selbstverständlich auf den Straßen getanzt. Es schien noch gar nicht lange her zu sein. Und es würde auch nicht viel fehlen, das Fest wieder in Gang zu setzen.

Inzwischen ist Dresden eine glänzende, strahlende Stadt, lärmend möchte man fast sagen, doch das wäre eine Übertreibung. Zahlreiche Bauten, nicht zuletzt die Frauenkirche, wurden wiederhergestellt, der Sandstein geputzt, die Dächer instand gesetzt. Fleißige Hände schlossen die leeren Fensterlöcher an Schloß und Taschenbergpalais, durch die der graue Winterhimmel damals zu sehen war; die Räume dahinter bergen herrliche Ausstellungen oder vornehme Gästezimmer. Die kleinen Bäume und Sträucher, die auf den Ruinen wuchsen, sind aus dem Stadtbild verschwunden, unendlich viele Neubauten entstanden. Die alten Villen, die man kaum sah, weil sich ihr Mauerwerk so verdunkelt hatte, wurden sandgestrahlt oder neu gestrichen, die Außentreppen, die elegant geschwungenen Balustraden und Balkone repariert oder ersetzt. Wenn man nicht wüßte, wie alt die Häuser sind, könnte man meinen, sie seien gerade erst hier hingestellt worden.

Doch wie sieht es mit meiner Beziehung zu Dresden aus? Ich habe hier nach der Wende einige Jahre gelebt und gearbeitet, halte mich in regelmäßigen Abständen in der Stadt auf, aber gibt es eine echte Verbindung? Besonders zu Anfang wunderte ich mich oft darüber, wie herzlich der Empfang bei den meisten Dresdnern war. Was brachte sie dazu? Was habe ich persönlich mit der Stadt am Hut?

»Sie heißen Brühl, Sie sind historisch«, erklärte mir ein Freund. Alles, was in Dresden Geschichte ist, mache die Dresdner glücklich. Ich sah ihn ungläubig an. Bin ich eine Sandsteintreppe? Tanze ich wie die Fama auf der »Zitronenpresse«, der imposantesten Kuppel Dresdens, über den Dächern der Stadt?

Geboren bin ich in Accra, der Hauptstadt von Ghana. Mein Vater war Diplomat. Bald nach meiner Geburt ging es nach London, später Brüssel und Warschau. Abitur machte ich in Bonn, dann arbeitete ich in Singapur, studierte in Lublin, Mainz, Heidelberg und Wien Slawistik und Geschichte und promovierte über Anton Čechovs Dramenwerk. Wenn mich einer nach der Schreibweise meines Nachnamens fragte, sagte ich: »Brühl, wie die Stadt bei Köln, wie Phantasialand.« Dresden war weit weg.

Ich hatte keine Ahnung, wie die berühmte Terrasse, die denselben Namen wie ich trägt, eigentlich aussah. Ich stellte mir eine gewöhnliche Terrasse vor, den befestigten Teil des Gartens, der direkt an das Haus anschließt. Da wo die Liegestühle stehen, damit sie nicht im Rasen versinken. Hinter unserem Haus in Bonn gab es so etwas, es maß etwa drei mal fünf Meter und bestand aus Platten von Waschbeton. Bevor Gäste kamen, fegte meine Mutter mit einem struppigen Gartenbesen den Sand von den Steinen.

Erst der grauhaarige Bibliothekar, der in Heidelberg hoch oben unter dem Dach des Instituts für Slawistik eine kleine Studentenbücherei unterhielt, klärte mich auf. Er sprang auf, als er meinen Namen las, ging, so schnell es die Dachschrägen erlaubten, in den hintersten Teil des Bücherzimmers, beugte sich hinunter und zog aus dem letzten Regal einen schweren

Bildband. »Sie heißen Brühl und wissen nicht, wie die Brühlsche Terrasse aussieht?«

Der Band enthielt Photos von Dresden, sie waren schwarzweiß, unspektakulär. Der Mann stammte selbst aus Dresden, er zeigte mir die Stufen unweit der Stelle, wo ehemals das Belvedere stand, auf denen er, wie er lächelnd erzählte, mit seiner Mutter oft in der Sonne gesessen hatte. Bei ihm weckten die Bilder Erinnerungen. Mir kamen sie altmodisch vor, als gäbe es die Zeit, in der sie entstanden waren, ja vielleicht sogar den ganzen Ort nicht mehr.

Was ich 1990 in Dresden vorfand, war alles andere als das, was ich erwartet hatte. Ich stieg die breiten Stufen zur Brühlschen Terrasse hinauf und befand mich auf einer erhöhten Elbuferpromenade, einem breiten, mehrere hundert Meter langen, großzügig gestaltetem Areal mit Bänken und Bäumen, Treppen und Skulpturen und mit einem kleinen Park, verschlungenen Pfaden und schrägen Ebenen. Man kann hier das halbe Stadtzentrum abschreiten, vom äußersten Winkel aus geht der Blick weit über die Elbe, bei gutem Wetter bis ins Sandsteingebirge. Mit ein paar Platten Waschbeton hinterm Haus hatte das wahrlich nichts zu tun.

Die Bezeichnung Terrasse oder gar Balkon – die Brühlsche Terrasse wurde im 19. Jahrhundert als »Balkon Europas« gepriesen – ist in der Tat nur zu verstehen, wenn man sich die Freitreppe, die zu ihr hinaufführt, wegdenkt. Die Stufen wurden erst im 19. Jahrhundert angebaut. Auch die vielen Menschen, die dort heute lustwandeln, muß man nach Möglichkeit übersehen. Zu Zeiten von meinem Vorfahren Heinrich Graf Brühl, Minister bei August II. dem Starken und Premier bei August III., war die Terrasse kein öffentlicher Spazierraum. Auch lang nach seinem Tod und dem Bau der Treppe durfte man sie nur mittwochs, also einmal die Woche, und in angemessener Kleidung betreten.

Sie war ein privater Garten, den man nur von Brühls Palais aus erreichen konnte. Das Palais stand dort, wo heute das

Ständehaus ist. Man betrat es ebenerdig und stieg hinauf in den ersten Stock, in die Empfangsräume und prächtigen Salons im feinsten Dresdner Rokoko. Direkt hinter dem Haus befand sich die Mauer, die zu der wuchtigen Befestigungsanlage der Stadt gehörte. Da Dresden über die Grenzen der Anlage hinaus gewachsen war, hatte Brühl den König gebeten, ihm die alten Mauern zu schenken. Der König hatte zugestimmt, und sein Minister hatte die Zwischenräume mit Sand und Schotter auffüllen, Erde aufschütten und Gras säen lassen, hatte Blumen und Büsche gepflanzt. Eine schmale Brücke, die heute noch zu sehen ist, verband das Palais mit dem Garten.

Großartig muß man sagen, einfach phantastisch. Auch später, als der König seinem Minister den Rest der ehemaligen Verteidigungsanlage schenkte und Brühl seinen Privatgarten, sein innerstädtisches Territorium großzügig ausweitete – für Dresden war das nicht schlecht. Bis heute bestimmt die Terrasse maßgeblich die Kulisse der Stadt. Sie paßt sich harmonisch in das große Ganze ein, ja, sie verbindet die einzelnen durchaus unterschiedlichen Bauten zu einem friedlichen Ensemble. Es wirkt wie aus einem Guß, als habe man es von Anfang an so geplant.

Doch vertraut war mir diese Brühlsche Terrasse nicht, und sie ist es nie geworden. Dort gibt es naturgemäß keinen privaten Raum, keinen Platz, an den ich persönliche Verbindungen knüpfen könnte. Oft mußte ich auf der Terrasse für irgendwelche Phototermine oder anderen Blödsinn auf- und abmarschieren, sollte mit der Hand über das Geländer streichen, versonnen in die Ferne blicken. Mit mir selbst hatte das alles wenig zu tun.

Sächsisch ist in meiner Familie höchstens meine Mutter. Meine Großmutter hieß Schönburg, und meine Mutter wurde in Wechselburg bei Glauchau geboren. Doch bald nach der Entbindung reiste meine Großmutter in ihr neues Zuhause, nach Bad Waldsee bei Ravensburg, und meine Mutter wuchs selbstverständlich mit ihren vielen Geschwistern im Schwäbischen auf. Dort, bei den geliebten Großeltern, verbrachten auch wir viele Sommer. In welcher Stadt auch immer mein Vater gerade auf Posten war, in den goldwarmen Juli- oder Augustwochen zog es meine Mutter in ihre Heimatstadt.

Die Großmutter erzählte viel von Wechselburg, doch vor der Wende waren wir nie dort. Meine Mutter erwähnte hin und wieder Quarkkeulchen, ihr Sächsisch hat sie bis heute nicht verlernt. Manchmal sei sie als Kind elegant mit der Mutter in Dresden einkaufen gegangen, erzählt sie.

Ich kannte auch eine Tante, die wir selten sahen, die berichtete, sie habe drei Jahre lang in Dresden die Haushaltsschule besucht. Sie nannte Namen wie Prager Straße, Altmarkt und Neumarkt. Sie erzählte auch vom Großen Garten, aber das war eine andere Zeit. Damals war Dresden noch nicht einmal zerstört.

Mein Vater, seine Geschwister, der Großvater väterlicherseits – die erzählten von Ostpreußen. Dort war mein Großvater Landrat in Allenstein, heute: Olsztyn und später Regierungsrat in Schneidemühl, heute: Piła. Er war der zweite Sohn in der Familie, ein Nachgeborener. Er erbte nicht, sondern ging in den Staatsdienst. Mein Vater wuchs mit seinen drei Geschwistern in Ostpreußen auf, zu seiner Geburt fuhr die Mutter ins Krankenhaus nach Königsberg.

Im Sommer reiste die Familie nach Pförten in die Nähe von Forst, zu dem wahrlich prächtigen Besitz der Brühls. Das Schloß steht heute kurz hinter der polnischen Grenze und ist ziemlich zerstört. Heinrich Graf Brühl, mein Vorfahre, hatte es erworben, um auf seinen Reisen zwischen Dresden und Warschau bequem Zwischenhalt machen zu können. Mein Vater erzählt von großen Jagden und feierlichen Festen, von stillen Kutschfahrten mit dem Pferdewagen durch unendlich große Wälder. Die Räder seien geräuschlos über den festen

Sandboden gerollt. Hier begegnete er auch dem Schwanenservice, dem sagenumwobenen Meißner Porzellan aus dem 18. Jahrhundert, das Johann Joachim Kaendler im Auftrag des Ministers gefertigt hatte. Nur an sehr hohen Festtagen wurde es aus dem Keller geholt. Einmal, bei einer großen Hochzeit, sei die Tafel komplett mit dem herrlichen Porzellan gedeckt gewesen.

Diese Zeiten sind längst vorbei. Die Brühls sind geflohen und haben im Krieg alles verloren. Mein persönlicher Bezug zu Dresden, ja der zwischen den Brühls und Dresden bleibt bruchstückhaft.

Unverbrüchlich ist die Verbindung zu Heinrich Graf Brühl, dem Premierminister Augusts des Dritten, dem Mann, der als Page an den Hof Augusts des Zweiten, der Starke genannt, gelangte und damit seine steile Karriere zum einflußreichsten Mann am sächsischen Hof begann. Er lebte von 1700 bis 1763, war mit Marianne Kolowrat-Krakowska verheiratet, und zwischen ihm und mir liegen sechs Generationen. Er ist also, wer es genau wissen will, mein Ur-ur-ur-ur-ur-Großvater. Sein jeweils ältester Nachkomme hieß Friedrich mit Vornamen. Da mein Großvater nicht der älteste war, wurde er Georg getauft.

Wir nannten ihn Opa – seine Frau starb lang vor meiner Geburt – und hingen sehr an ihm. Da meine Eltern spät heirateten, war er einfach immer schon sehr alt. Er war stocktaub, bekam eine dicke Backe, wenn er Tomaten aß, und hatte eine dünne, blasse Haut. Unabhängig von derlei Malaisen konnte er mit der Wünschelrute gehen und herausfinden, wo unter der Erde Wasseradern verlaufen, was durchaus praktisch war, denn da wir fortlaufend umzogen, galt es in jeder neuen Bleibe herauszufinden, wo man die Betten hinstellt.

Außerdem besaß er eine goldene Taschenuhr, die er mit verblüffender Ähnlichkeit zu dem Märzhasen in Alices Wunderland mehrfach täglich aus der Westentasche zog, um in Seelenruhe die Zeit abzulesen. Er ging ausführlich spazieren und kannte alle Bäume mit Namen. Er wurde weit über neunzig, las viel, lebte oft bei uns; zu seiner Beerdigung bekamen wir schulfrei. Doch auch das hat mit Dresden im Grunde nichts zu tun.

Was mich letztlich für immer in die prächtige Elbestadt führte, werde ich nie genau sagen können. Es hatte zunächst durchaus pragmatische Gründe: Dresden war aus meiner Perspektive der Osten. Der Osten hatte für mich viel mit Polen zu tun. Dort hatte ich gerne gelebt. Das einzige, was mich irritierte, war die fremde Sprache, so gut ich sie auch beherrschte. Wie sollte ich da schreiben, wie sollte ich Journalistin werden? Dresden gab mir die großartige Chance, im Osten und gleichzeitig im deutschen Sprachraum zu leben.

Hinzu kam das Grüne Gewölbe. Ein Freund hatte mir an einem Winterabend, in seinem bescheidenen Heidelberger Studierzimmer, ein Buch über die Schatzkammer Augusts des Starken gezeigt. Die Photos darin waren farbig, das Gold glänzte, die Edelsteine funkelten. Angesichts der kostbaren Schätze gingen mir die Augen über. Das wollte ich in natura sehen.

Kaum war es gestattet, ohne Visum und Zwangsumtausch in die DDR zu fahren, stiegen wir ins Auto und reisten nach Dresden. Dort angekommen, gingen wir als erstes ins Grüne Gewölbe. Die Originale waren weitaus besser als ihre Abbildung in unserem Buch. Uns blieb, gelinde gesagt, die Spucke weg.

Ich bewarb mich umgehend bei den lokalen Zeitungsredaktionen um ein Praktikum und zog im September 1991 in die Dresdner Neustadt. Ich blieb nicht lang allein. Ein Jahr später folgte meine Schwester mit Mann und Kind, später die Vettern und andere Verwandte. Eine Kusine bestand die Aufnahmeprüfung an der Palucca-Schule, der Hochschule für Tanz.

Inzwischen, das muß ich zugeben, hat nicht nur der Name Brühl, auch die Familie Brühl, meine Familie, durchaus etwas mit Dresden zu tun. Wir haben zahlreiche Verbindungen geknüpft, Freundschaften geschlossen, Eindrücke, Geschichten und Erinnerungen gesammelt. Auch wenn keiner von uns, nicht einmal unsere Eltern, hier geboren wurden, niemand aus der DDR stammt oder gar Besitzansprüche hegt, obwohl wir alle kein Sächsisch sprechen und unsere Kenntnisse der sächsischen Kultur und Geschichte unter Umständen Lücken aufweisen, fühlen wir uns durchaus Dresden verbunden.

Was meine Biographie und meine Identität prägt, ist das Zigeunerhafte, das Unbehaustsein. Doch Dresden traf mich mitten ins Herz. Es hat mir so gut gefallen, daß ich seßhaft wurde.

Machen Sie einen Rundgang im Herzen der Stadt – oder nehmen Sie wenigstens ein Sonnenbad auf der Brühlschen Terrasse

Nach Dresden zu reisen ist kinderleicht. Aus jeder Himmelsrichtung führt eine Autobahn dorthin, mindestens ebenso viele Eisenbahnstrecken passieren Dresden, es gibt auch einen internationalen Flughafen, auf dem pausenlos Flugzeuge landen oder starten, und, nicht zuletzt, die Elbe. Wer mag, kann schon in Hamburg ein Schiff besteigen und in einer langen Reise zu Wasser an Magdeburg, Lutherstadt Wittenberg und Torgau vorbei gemütlich in die sächsische Landeshauptstadt schippern. Diese Fahrt ist allerdings eher etwas für den Ruhestand. Benjamin Henrichs, wunderbarer und beispielloser Theaterkritiker, einst bei der *Zeit*, war davon so gelangweilt, daß er die Reise mitten im schönsten Reportagefluß abbrach und das Schiff fluchtartig verließ.

Dresdens zentrale Lage erkannte schon im 19. Jahrhundert der galizische Kaufmann und Zigarettenhersteller Joseph Huppmann und gründete hier eine Niederlassung. Das Elbklima eignete sich hervorragend zur Lagerung von Rohtabak. Tabak konnte man günstig per Schiff aus Hamburg oder per Bahn aus dem Orient und vom Balkan beziehen, die fertigen

Zigaretten wiederum eilten auf dem Schienenweg in alle Himmelsrichtungen, beispielsweise über Wien und Triest direkt nach Italien.

Huppmann blieb nicht allein. Dresden wurde, wer würde das heute denken, zum Zentrum und Hauptsitz der Zigarettenproduktion und des Rohtabakhandels in Deutschland. Von dieser florierenden Industrie kündet die weithin sichtbare Yenidze, die 1909 im Stil einer Moschee erbaute Zigarettenfabrik an der Eisenbahnstrecke von Dresden-Neustadt zum Hauptbahnhof. Heute werden unter ihrer bunt schimmernden Kuppel Märchen aus Tausendundeiner Nacht vorgelesen.

Wer mit der Bahn nach Dresden fährt und aus Berlin kommt, sollte an Emil Tischbein aus Erich Kästners »Emil und die Detektive« denken, der auf derselben Strecke, allerdings in umgekehrter Richtung von Dresden nach Berlin reiste und unterwegs so gräßlich im Schlaf von Herrn Grundeis bestohlen wurde.

Die Strecke ist in der Tat eintönig, Felder und Wiesen fliegen vorbei, ab und zu ein Waldstück, das Land ist flach und monoton. Kein Wunder, daß Emil eingeschlafen ist. Auch unser Reisender könnte sich gut und gern ein Nickerchen genehmigen, denn wenn der Zug ein Intercity ist, hält er ab Flughafen Berlin-Schönefeld nicht mehr an, und auch bestohlen wird man nicht mehr, denn Herr Grundeis wurde dank Emil und seiner Detektive dingfest gemacht. Außerdem reist es sich heutzutage schneller. Keine zwei Stunden dauert es, dann ist man schon in Dresden, Dresden-Neustadt wohlgemerkt, aber hier stieg Emil damals ein, begleitet von seiner furchtbar rührenden, weil so aufgeregten Mutter, und hier kann man getrost aussteigen, denn der Neustädter Bahnhof ist der eigentliche Bahnhof von Dresden.

Wer Gepäck hat, gibt den Koffer in ein Schließfach und marschiert schnurstracks aus dem Bahnhof hinaus. Hier heißt es allerdings kurz innehalten und der wundersamen Tatsache gedenken, daß 1839 von diesem Bahnhof der erste deutsche

Fernzug startete, denn das ist typisch für Dresden. Das wird man hier in den nächsten Tagen noch oft erleben, daß Dresden mit irgendeinem Tatbestand an erster Stelle steht. Hier wurde die erste Lokomotive gebaut und auch der Teebeutel erfunden und noch vieles andere mehr. Doch dazu später. Der erste Fernzug fuhr übrigens von Dresden nach Leipzig, also nicht allzu weit, aber immerhin. Ein bescheidenes Emailleschild an der Hauswand des Bahnhofs verweist darauf.

Innehalten ist sowieso nicht schlecht, denn schließlich sind wir am Ziel, und das möchte man ja einen Augenblick genießen. Endlich in Dresden. Dann aber los, auf die Socken und am besten Richtung Albertplatz. Von dort geht es geradewegs, vorbei an Brunnengeplätscher und unter lauschigen Platanen, über die Augustusbrücke zu Schloß, Semperoper, Zwinger und Brühlscher Terrasse mitten ins Herz der Stadt.

Doch halt: Wenn unser Dresden-Besuch schon wie Emils Berlinfahrt am Neustädter Bahnhof beginnt, dann sollten wir auch kurz an Erich Kästner denken, der schließlich hier in der Neustadt geboren und rund um den Albertplatz aufgewachsen ist, der nicht nur berühmte und wunderbare Kinderbücher wie »Emil und die Detektive« oder »Pünktchen und Anton« und »Das Doppelte Lottchen« schrieb, sondern vor allem auch Gedichte, »seelisch verwendbare« Gedichte, wie er sie selbst nannte.

Eine Sammlung dieser Lyrik schrieb Teofila, damals noch Langnas, im Warschauer Ghetto eigenhändig ab, um sie ihrem Bräutigam und späteren Ehemann Marcel Reich-Ranicki zum 21. Geburtstag zu schenken. Das kleine Heft, versehen mit Teofilas eigenen Illustrationen und Gedichten Kästners wie »Das Eisenbahngleichnis«, »Moral« oder »Kennst Du das Land wo die Kanonen blühn?« half den beiden, Ghetto, Flucht, Verfolgung und Vertreibung zu überstehen. Sie trugen es bei sich, lasen sich gegenseitig daraus vor, und es gab ihnen mehr Trost als irgendwelche Heine-, Goethe- oder Rilkeverse.

Auf Kästners (und Emils) Spuren kann man hier vielerorts wandeln, in dem Haus Königsbrücker 66, der Straße, die von Norden kommend auf den Albertplatz mündet, ist er geboren, 1901 zog er mit den Eltern in das Haus Nummer 48, in der Nummer 38 überlebten die Eltern die Bombennacht vom 13. auf den 14. Februar 1945, und im »Turnverein für Neu- und Antonstadt« auf der Alaunstraße 36/40, die ebenfalls, aber weiter östlich auf den Albertplatz mündet, trieb er begeistert Sport. Da dieses Haus in der Bombennacht zerstört wurde, baute man ein neues, den heutigen Jugendklub »Scheune«.

In dem Blumenladen Stammnitz in der Louisenstraße 21 kauften sowohl Erich Kästner als auch Emil Tischbein (womöglich hin und wieder auch Emil Kästner, Erichs Vater), Blumen, Emil Tischbein die Blumen für seine Tante in Berlin. Auch diesen Blumenladen gibt es heute noch.

Wer vom Neustädter Bahnhof zum Albertplatz kommt, biegt um das Grundstück der Villa Antonstraße 1, die Kästners Onkel, dem Pferdehändler Franz Augustin, ab 1915 gehörte. Heute befindet sich hier das Erich-Kästner-Museum. Oben auf der Gartenmauer sitzt eine Gestalt aus Bronze. Die Zeilen darunter sind ein Zitat aus Kästners Lebensbeschreibungen »Als ich ein kleiner Junge war«: »Am liebsten hockte ich dann auf der Gartenmauer und schaute dem Leben und Treiben auf dem Albertplatz zu.«

Jetzt aber endlich auf die andere Elbseite zu einem kleinen Rundgang durch und um das Herz der Stadt. Vorbei wie gesagt an den beliebtesten Dresdner Brunnen »Stilles Wasser« und »Stürmische Wogen« von Robert Diez, meines Erachtens weniger beliebt wegen der kunstvoll gefertigten Skulpturen, sondern deshalb, weil man in den großen Becken im Sommer so herrlich baden kann.

Ah, schon befinden wir uns mitten in Italien, Elbflorenz läßt grüßen. Das erinnert uns doch an »La dolce vita« und Anita Ekberg, wie sie in überschäumendem Übermut und zum Entzücken von Marcello Mastroianni im Fontana di Trevi herumplanscht. Hach, wie wunderbar. Gleich geht die Sonne auf. Das ist der Geruch von Rom, das südliche Licht, die mediterrane Hitze. Wahrscheinlich war Fellini halber Dresdner.

Doch dazu gehört mehr. Die Dresdner baden nicht nur in ihren Brunnen, sie haben auch großartige Schwimmbecken, wie das Arnholdbad im Zentrum, das Bilzbad in Radebeul. Oder das Waldbad in Klotzsche, zu dem sie bevorzugt entlang der Prießnitz durch lauschigen Forst spazieren, beziehungsweise rennen (joggen!) oder mitten in lauer Sommernacht mit Fahrrad oder Mofa brausen, über den Zaun klettern und ein Bad im Mondlicht nehmen. Letzteres ist selbstredend streng verboten.

Einige Wahnsinnige versammeln sich auch Jahr für Jahr im Januar, um in verrückter Verkleidung bei Eiseskälte in die Elbe zu springen. Ich weiß, das glaubt mir kein Mensch, doch Januar, Verkleidung, Elbe – das sind die Fakten. Ich schwöre, das habe ich mir nicht ausgedacht. Und die Gutsten, wie man hierzulande sagt, belassen es nicht beim Springen, sondern schwimmen gemeinsam und konspirativ sozusagen mindestens eine Elbbrücke weit. Da schüttelt es einen schon beim Lesen, auch Zuschauen ist kaum zu ertragen. Dresden liegt eben nicht nur in der Nähe von Italien, sondern auch von Sibirien.

Vorbei an den Brunnen auf dem Albertplatz geht es auf der Hauptstraße unter schattigen Platanen, die die unansehnlichen Häuser dahinter zum Glück verbergen, geradewegs auf den Goldenen Reiter zu. Da ich schon einiges über Erich Kästner und Dresdner Badeleidenschaften erzählt habe, spare ich mir Ausführlichkeiten zu dieser protzigen Statue. Es ist sowieso nur eine Angeberei von August dem Starken. Dabei hat er gar nicht mehr erlebt, wie sie aufgestellt wurde, nur noch die Fertigstellung des Modells. Interessant daran ist nur, mit welcher Akribie der dicke Reiter regelmäßig renoviert –

bei der letzten Erneuerung wurde innen ein Kanalsystem angelegt, damit das Kondenswasser abfließen kann –, neu vergoldet und vor allem geputzt und gewienert wird. In der Stadtverwaltung ist jemand ausdrücklich dafür verantwortlich, daß der Pferdepopo, diese edle Kruppe, nicht nur golden ist, sondern auch so glänzt.

Dieser Eifer steht für die Tatsache, daß sich Dresden mit Vorliebe in den Errungenschaften des augusteischen 18. Jahrhunderts sonnt, dem sogenannten Goldenen Zeitalter. Obwohl oder weil das offensichtlich ist, gibt es gerade über dieses Sonnen oder vielmehr diese Sonne nicht endendwollende Diskussionen. Das ist auch gut so, denn warum sollte man sich, wenn man im 20. und 21. Jahrhundert eine Stadt wiederaufbaut, die 1945 vollkommen zerstört war, ausschließlich an einigen wenigen Jahrzehnten der gesamten Geschichte der Stadt orientieren. Das Goldene Zeitalter hat Dresden in der Tat nachhaltig geprägt und mit den Bauten und Kunstschätzen aus dieser Zeit weit über alle Grenzen bekannt gemacht, aber es gab auch andere große und gute Zeiten in dieser Stadt. Gerade bei der Rekonstruktion des Schlosses, ein Bau, der weit über fünfhundert Jahre auf dem Buckel hat – die Burganlage, die zuvor an der Stelle stand, wurde gar um 1200 errichtet – mußte man sich fragen, in welcher Fassung man ihn heute rekonstruiert.

Faszinierend, mit welcher Vehemenz die Dresdner sich in die Diskussion einmischen. In kaum einer Stadt gibt es so viele Hobbyhistoriker und Spezialisten in Sachen Geschichte wie hier, und zwar bis in die Details. Unglaublich, wie stark die Informationsveranstaltungen zu Umbauten, Neubauten, Restaurierungsarbeiten an den Herzstücken wie Schloß, Zwinger, Frauenkirche frequentiert und besucht werden. Meist platzt der Saal, in dem die Veranstaltung stattfindet, aus allen Nähten. Die Diskussionen, die bei knapper und sauerstoffarmer Luft geführt werden, sind leidenschaftlich und furchtbar ernst. Und sie halten an, draußen auf der Straße, auf dem langen Nachhauseweg und bis in die heimatliche Küche. Da werden kluge Bücher herausgezerrt, wilde Zeichnungen angefertigt, lautstark Zitate vorgetragen. Kein Ende ist in Sicht.

Und am nächsten Tag steht alles in den Zeitungen. Und dann geht die Diskussion wieder von vorne los. Da streiten Väter mit Söhnen, Freund und bester Freund, Architekt mit Historiker. Und dann werden böse Leserbriefe geschrieben, zornige Telefonate geführt. Handtücher zerschnitten und an anderer Stelle wieder zusammengenäht. In Afrika gibt es eine Krankheit, die heißt Malaria. Sie ist von heftigen und wiederholten Fieberanfällen begleitet. In Dresden gibt es so etwas ähnliches. Man nennt es Stadtgeschichtefieber.

Zurück zum Rundgang, denn im Eifer des Gefechts wären wir jetzt beinahe schon über die Elbe gerutscht, doch das wäre zu schnell. Links neben dem Goldenen Reiter befindet sich eine Straßenunterführung. Mit ihrer Hilfe gelangt man auf die Augustusbrücke, die sich majestätisch über die Elbe wölbt. Wenn man der Brücke bis an ihren höchsten Punkt gefolgt ist, sollte man kurz innehalten, denn von hier aus hat man einen herrlichen Blick. Man sieht in aller Vollständigkeit die Gesamtheit von Brühlscher Terrasse mit Sächsischem Kunstverein, Akademie, Sekundogenitur und Ständehaus, Schloß, Hofkirche und Semperoper. Rechter Hand schließen der neue Landtag und der Erlweinspeicher an. Dahinter glänzt die orientalische Kuppel der Yenidze. Diesen Anblick sollte man sich nicht entgehen lassen. Es ist der sogenannte Canaletto-Blick.

Der Venezianer Bernardo Bellotto, genannt Canaletto, kam auf Einladung Augusts III., Sohn Augusts des Starken, 1746 nach Dresden, um die Frauenkirche zu malen. Es sollte nicht bei einem Bild und auch nicht bei der einen Kirche bleiben. Mehr als zwanzig Canalettos zählen heute zu den Beständen der Dresdner Gemäldegalerie. Sie machen mit vielen anderen berühmten Bildern den Reichtum der sagenhaften Sammlung aus. Hinzu kamen die Arbeiten, die Heinrich Graf Brühl bei Canaletto in Auftrag gab. Er ließ, bis auf eine Ausnahme, von jedem königlichen Gemälde eine Kopie für seine eigene Sammlung anfertigen. Kein schlechter Auftrag für den jungen italienischen Meister.

Canaletto fertigte vierzehn Stadtansichten von Dresden an, elf von Pirna. Er benutzte beim Malen eine Camera obscura. Dadurch sind seine Bilder, Veduten genannt, fast so detailreich und exakt wie Photos. Sie bilden nicht nur Gebäude, sondern auch Menschen, Kleider, Kutschen, Reiter, ja, das Leben in Dresden und Pirna im 18. Jahrhundert ab. Von seinen präzisen Beobachtungen können wir bis heute zehren. 1766 heuerte der polnische König Stanislaus August Poniatowski Canaletto als Hofmaler an. Auch von Warschau fertigte Canaletto zahlreiche Veduten an. Als man nach dem Krieg daran ging, Warschau wiederaufzubauen, waren diese Veduten für die Rekonstruktion der Stadt ungemein hilfreich, denn hier fanden sich viele Details, von denen es einfach keine Photos gab.

Und noch etwas ist an diesem Anblick bemerkenswert: Hinter der Brühlschen Terrasse erhebt sich großartig, aber erst seit wenigen Jahren, ja eigentlich nur Monaten, wieder die Kuppel der Frauenkirche. Allein das treibt vielen Besuchern und auch Dresdnern immer noch und immer wieder die Tränen in die Augen. Die Frauenkirche ist für sie das aus der Bombennacht vom 13. auf den 14. Februar 1945 wiedererstandene Dresden.

Der Bau ist nagelneu und doch nicht neu, denn die Kirche gehört zu dem Ensemble, zum Herzen der Stadt. Die Kuppel mit ihrer hohen Laterne ist auf den meisten alten Bildern von Dresden zu sehen. Ihr Fehlen war für viele wie eine ewig schwärende Wunde. Doch schon jetzt kann man sich kaum mehr vorstellen, daß sie jahrzehntelang gefehlt hat.

Wenn es auch zeitlich vielleicht nicht zum Rundgang paßt, aber besonders schön ist der Anblick gegen Ende des Tages und im Sommer. Dann steht die Sonne so, daß sie in der Elbe zu versinken scheint. Ihre müden letzten Strahlen tauchen die Stadt in goldenen Glanz. Das Wasser schimmert orangerot. Die alten Mauern scheinen sich plötzlich zu bewegen, die Bäume auf der Terrasse werfen unendlich lange Schatten. Auf der Elbe tanzen tausend Lichter.

Mein kleiner Rundgang führt am Fuß der Augustusbrücke links über die Brühlsche Terrasse bis fast zu ihrem Ende. Zwischen Kunstakademie und Albertinum gehen wir rechts die Treppe hinunter und parallel zur Brühlschen Terrasse zurück, vorbei an dem Coselpalais und der Frauenkirche, den Fürstenzug entlang, biegen angesichts der Hofkirche links in das Georgentor, laufen um das Schloß herum, dann am Taschenbergpalais vorbei und queren einmal den Zwinger. Dann steigen wir die Treppen im Wallpavillon hinauf, werfen einen Blick ins Nymphenbad, gehen nach rechts an der Semperoper vorbei auf den Theaterplatz, umrunden die Hofkirche und stehen wieder am Fuß der Augustusbrücke.

Das ist ein herrlicher kleiner Spaziergang, den man zu jeder Jahres-, Tages- oder gar Nachtzeit und auch bei jeder Wetterlage machen kann. Man mag schnell gehen oder langsam, nachdenklich sinnierend oder aufgeregt parlierend, vielleicht sogar gestikulierend – wie auch immer.

Das Gute daran ist, man kann anschließend wieder abreisen. Wer das gesehen hat, wer einmal um das Schloß gelaufen ist und bei der Frauenkirche war, wer durch den Zwinger flaniert ist oder sich die Semperoper angesehen hat, wer auf der Brühlschen Terrasse war, der hat Dresden begriffen. Hier steckt die Seele der Stadt.

Es gibt natürlich viele Aspekte und Besonderheiten an Dresden, es gibt zahlreiche wunderschöne Orte und Plätze, die man besuchen könnte, gibt immer wieder neue Geheimnisse zu entdecken, wieder eine neue Seite aufzuschlagen, doch alle diese Aspekte beziehen sich eigentlich auf das Ensemble rund um das Dresdner Schloß. Kein einzelner hat für sich die Größe und das Volumen dieses einzigartigen Zusammenspiels von Architektur und Kunst, Herrschaft und Raffinesse, Spannung und Eleganz. Wie ein Lichtkegel scheinen die anderen Orte dieses Ensemble zu beleuchten, und sein Glanz strahlt auf sie zurück.

Allein die Sekundogenitur, das barocke Gebäude in Schönbrunner K.u.K.-Gelb direkt an der Brühlschen Terrasse, halten manche für den vollendetsten Bau der Stadt. Er entspricht dem Goldenen Schnitt, dem Maß, das dem Betrachter absolute Harmonie und Wohlbefinden vermitteln möchte. Hier befand sich die Graphiksammlung, die jeweils der zweitgeborene Prinz (lat. Secundogenitur) des sächsischen Königshauses erbte. Und dafür wurde er auch errichtet: lang und schmal, hohe Wände, hell. Heute ist darin ein Café, Tische und Stühle quellen bis auf die Terrasse. Kein schlechter Ort, um ein wenig auszuruhen.

Wenige Schritte weiter steht die Kunstakademie, eines der bizarrsten Gebäude der Stadt. Von vorne und außen wirkt es noch ganz überschaubar, doch sobald man die Tür geöffnet hat und dem Gang nach rechts oder gar links gefolgt ist, hat man verloren. Auch ein Besuch im Innenhof bringt keine Erleichterung. Er wird durchpflügt von mehreren Sichtachsen, bestimmt von vielen Treppenauf- und Treppenab-, Ein- und Ausgängen. Er ist verwinkelt und unübersichtlich. Hier ist die Verwirrung zu spüren, die jeden Künstler angesichts der Kunst und ihrer Vielfalt befallen muß, ja, die jeder Wissenschaftler erlebt, der sich intensiv einer Sache widmet und dabei bemerkt, daß sein Thema, je länger er nachforscht, immer uferloser und unüberschaubarer wird.

Wer die Kunstakademie nicht betritt und sie nur von außen betrachtet, wird vielleicht verstehen, was zu der Verwirrung führt. Sie hat einen Anbau, der von innen als solcher nicht unbedingt erkennbar ist. Im schrägen, keinesfalls rechten Winkel zu ihr steht, verbunden durch einen schmalen Gang, das Ausstellungsgebäude des Sächsischen Kunstvereins. Obwohl mit breitem Portal und klassizistischem Tympanon versehen, erreicht man es nur durch den Haupteingang der Akademie. Dahinter befindet sich ein hoher, fast runder Saal mit der schönsten Kuppel Dresdens, der sogenannten »Zitronenpresse«. Sie besteht nur aus Glas. Auf ihrer Spitze steht auf einem Bein, fast schwebend, fast wie ein Engel, eine goldene Siegesgöttin, die Fama. Es gab Monate, in denen die Göttin nicht auf der Kuppel tanzte, weil sie renoviert und neu vergoldet wurde. Das waren traurige Monate.

Die Brühlsche Terrasse ist, wie schon in der Einleitung vermerkt, ein Park, ein Garten in luftiger Höhe. Hier kann sich jeder genüßlich ergehen, eiligen Schrittes alle Wege und Plätze abarbeiten oder auf einer der Parkbänke ein Sonnenbad nehmen und die Aussicht genießen. Bei gutem Wetter sieht man, daran sei hier erinnert, bis in die Sächsische Schweiz.

Wer Zeit und Muße hat, sollte unter die Terrasse klettern. Den Eingang zu den Kasematten findet er am Fuß der Treppe zum Georg-Treu-Platz. Unten angelangt, bietet sich ihm ein sagenhafter Anblick. In stunden- ja, tagelanger, mühevoller Kleinarbeit an Wochenenden oder Ferientagen hat hier eine Gruppe Freiwilliger schon in den 1980er Jahren angefangen, mit Spitzhacken per Hand Schutt und Steine zu lösen und schubkarrenweise Erde hinauszufahren. Auch bei diesen Dresdnern handelt es sich um jene Verrückten, Vernarrten, Wahnsinnigen, die später im Kapitel Tanz näher beschrieben werden und derer es zum Glück in dieser Stadt reichlich gibt. Nur mit der Liebe zu dieser Stadt kann man sich so etwas erklären.

Die Terrassen- oder Kasemattengeister, wie sie sich nennen, haben es durch unendlichen Einsatz geschafft, die gesamte ehemalige Befestigungsanlage freizulegen. Sie fanden ein gewaltiges Tor, sie fanden Höfe und Schächte, Räume, Gänge und Brücken. Für sie kam die Wende genau richtig. Sie erhielten Unterstützung, Zuwendung, konnten schließlich mit großem Gerät zufassen, graben, baggern, die Gänge abstützen lassen und den Boden befestigen, ja, vor allem den Schutt sammeln, sortieren und analysieren, denn immerhin hatte Heinrich Graf Brühl die Anlage auffüllen lassen, und der lebte schließlich im 18. Jahrhundert. Grandios, was da zwischen den alten Steinen zu entdecken war. Die meisten Porzellanteile, Scherben, Teile von eisernen Geräten, die man hier unten ausgegraben hat, sind noch längst nicht bestimmt und zugeordnet. Nicht zuletzt fand sich hier ein steinalter Ofen, der darauf schließen läßt, daß Johann Friedrich Böttger, der Erfinder des abendländischen Porzellans, hier unten seine ersten geheimen Versuche und Experimente ausgeführt hat. Bislang hatte man angenommen, das alles sei in Meißen geschehen.

Vorbei am Eingang zu den Kasematten erreicht man über die Treppe zum Georg-Treu-Platz das Coselpalais und die Frauenkirche. Beim Schloß angelangt, führt der Weg am Eingang zum Stallhof vorbei zum Fürstenzug, einer Art Geschichtsbuch in Bildern. Abgebildet sind in historischer Folge und sorgfältig tituliert 35 Wettiner Markgrafen, Kurfürsten und Könige. Der Zug wurde erst in Sgraffito geschaffen, doch gut dreißig Jahre später auf Kacheln von Meißner Porzellan übertragen.

Das ist äußerst praktisch. Sollte sich heute einmal eine krumme Nase, ein königliches Triefauge, eine Krone oder ein Pferdefuß lösen, kann man sie, ihn oder es getrost nachzeichnen, im Meißner Ofen brennen und wiedereinfügen. Damals bewarben sich übrigens drei Künstler um den Auftrag; den Zuschlag erhielt Wilhelm Walther, der ärmste unter ihnen. Da lacht der Gerechtigkeitssinn.

Am Ende des Fürstenzuges stehen wir wieder vor der Hofkirche. Es lohnt sich durchaus, einen Blick hineinzuwerfen. Schön der Altar, prächtig die Kanzel, wundersam der Klang der Silbermannorgel. Die Kirche wirkt in ihrem reinen Weiß, dem freizügigen, weit offengehaltenen und durch zahlreiche Fenster hell erleuchteten Mittelschiff fast protestantisch kühl.

Kein Wunder, wurde sie doch nur katholisch geweiht, damit August der Starke polnischer König werden konnte.

In diesem Zusammenhang lohnt auch, wenn man wieder vor der Kirche steht, ein Blick auf den Übergang, die kupferne Brücke, die das Schloß mit der Kirche verbindet. Über sie konnte die königliche Familie trockenen Fußes in die Messe gelangen. Auch wenn die Kirche dazu etwas zu groß geraten war – im Grunde war sie die private Schloßkapelle des Königs. Ich frage mich manchmal, wer sie außer ihm eigentlich wirklich benutzte. Ludwig Renn schreibt in seiner herrlichen Gesellschaftsstudie »Adel im Untergang«, er habe mit dem ganzen Offizierskorps oben auf der Empore stehen müssen, da sie alle protestantisch waren.

Das ist heute anders. Die Kirche erfreut sich großen Zustroms, insbesondere am Sonntagnachmittag, wenn die Messe in polnischer Sprache gehalten wird.

Durch das Georgentor kommen wir an eine Stelle, an der man rechts in den Innenhof des Schlosses blicken kann. Hier sieht man die herrliche Renaissance-Fassade, mit der man die Außenwand im Zuge der Restaurierungsarbeiten versehen hat. All dies war zum Zeitpunkt der Wende eine einzige Baustelle, aus den Mauern wuchsen Ruinenbäume, die Fenster waren leere Höhlen. Ähnlich war es mit dem Taschenbergpalais. Übriggeblieben waren lediglich die Außenmauern, und auch die nicht vollständig.

In ihrer Sachsen-Werbung druckte die Staatskanzlei ein Photo von der kaputten Frontfassade und schrieb darunter: »Für unsere Gäste machen wir uns gerne ein paar Umstände. Das Taschenbergpalais in Dresden wird entsprechend den Originalplänen wiederaufgebaut. Das wird über dreihundert Millionen Mark kosten. Buchen Sie schon jetzt im modernsten Hotel Europas.« Das klang damals hochtrabend, unsympathisch und arrogant. Unvorstellbar, daß diese Erwartungen jemals erfüllt werden könnten. Keine zehn Jahre hat es gedauert. Jetzt steht das Palais wieder da.

Schräg dahinter gelangt man unter dem Glockenspielpavillon hindurch in den Zwinger. Da liegt er vor uns, der Pöppelmannsche Bau mit den zahlreichen Permoser-Figuren, den Steinvasen und den schelmisch lachenden Putten, mit seinen lebhaft anmutenden Fassaden, den geschwungenen Brunnenbecken und den im Sommer glitzernden Fontänen. Links das mächtige, prächtige Kronentor, rechts die Sempergalerie mit der Gemäldesammlung Alte Meister und der Rüstkammer, geradeaus, gegenüber vom Glockenspiel, der Wallpavillon. Allmählich stellt sich die Frage: Wie viele Schlösser hat diese Stadt eigentlich? Warum neben dem Residenzschloß und dem Taschenbergpalais gleich noch ein Schloß?

Aber der Zwinger ist kein Schloß, er ist ein Lustgarten, hier fanden fröhliche Feste, kleine Konzerte, gemeinsame Spaziergänge und Kutschfahrten statt. Die Räumlichkeiten, die heute so wertvolle Museen wie die Porzellansammlung und den Mathematisch-Physikalischen Salon beherbergen, waren Gartenhaus, architektonisches Vergnügen, aufwendig verziertes Rahmenprogramm.

Um die Anlage richtig zu verstehen, muß man sich unter das Kronentor stellen und die Semperbauten wegdenken. Dann geht der Blick Richtung Elbe, und der Zwinger beschreibt eine Umarmung, zwei miteinander korrespondierende Flügel, die den Spaziergänger freundlich und tänzelnd, immer in Bewegung, über den heutigen Theaterplatz und weit ausholende, breite Stufen hinunter zum Wasser geleiten. Galerie und Oper entstanden erst im 19. Jahrhundert, zwei Bilder von Hofmaler Johann Alexander Thiele in der Gemäldesammlung zeigen, was ich meine. Dort sieht man die Spiele und Umzüge, die man im Zwinger austrug und beging. Es war ein Ort, an dem man Unsinn machte und sich verlustierte. Der reine Spaß.

Am Ende unseres kleinen Rundgangs würde ich über die prächtige Treppe im Wallpavillon auf das Zwingerdach steigen, um sich rechts noch das Nymphenbad anzusehen, eine

Überraschung, denn keiner vermutet, daß sich hier hinten eine so hübsche Brunnenanlage befindet. Wenn die Sonne scheint, ist es dort unten gleich warm, selbst im Winter, so geschützt ist der Platz. Der Brunnen wirkt ganz privat, wie ein persönlicher Lieblingsplatz des Königs, den man womöglich nur durch eine eigene, geheime Tür ebenerdig betreten konnte.

Faszinierend die ganze Komposition: Oben auf dem Zwingerdach befindet sich nur ein kleiner Schalenbrunnen, als wäre dort eine versteckte Quelle. Auch der Treppenabgang ist versteckt, die Stufen scheinen in eine verschlossene Grotte zu führen. Erst wenn man ihnen folgt und unten angelangt ist, sieht man, mit welcher Macht das Wasser durch die beiden Seitenarme in Kaskaden herunterrauscht, sich ausbreitet und großzügig, reich und mächtig in dem großen Becken mit den wasserspeienden Delphinen landet. Von hier aus scheint es sich in den gesamten Raum zu ergießen. Doch die Brunnenränder halten es auf, andere Ränder bilden zentral ein neues Becken, in dem ruhiges Wasser fließt. Hier unten herrscht eine eigene Sprache, hier erklingt eine Melodie, hier wird uns etwas mitgeteilt, das wir nur erspüren müssen, eine Atmosphäre, die wir nur zu genießen brauchen. Bloß keine Worte. Die steinernen Nymphen in den Mauernischen, deren Umrisse sich im Wasser spiegeln, sagen genug.

Aus dem Brunnen wieder hinaus und um die Bronzeplastik von Carl Maria von Weber herum führt der Weg hinunter zum Theaterplatz. Hier bestimmt die Semperoper den Raum, der mächtige Bau mit der Pantherquadriga über der monumentalen Loggia. Unzählige Werke kamen hier zur Erstaufführung, allein drei Opern von Richard Wagner: »Rienzi« (1842), »Der Fliegende Holländer« (1843) und »Tannhäuser« (1845). Hinzu kamen teilweise umstrittene Werke von Richard Strauss, wie »Salome« (1905), »Elektra« (1909) und »Der Rosenkavalier« (1911).

Dreimal wurde das Haus gebaut, zweimal wieder aufgebaut. 1869 zerstörte ein Brand das knapp dreißig Jahre alte Gebäude; in der Bombennacht vom 13. auf den 14. Februar 1945 wurde es ein zweites Mal ein Opfer der Flammen. Die Oper wirkt dadurch nicht fragil, im Gegenteil. Sie schaut massiv und unbeirrbar aus.

Bei der Flutkatastrophe im Sommer 2002 stieg die Elbe so hoch über das Ufer, daß viele Häuser in der Stadt komplett umflutet waren. Auch die Semperoper stand mitten in einem unüberschaubar großen See. Die Fassade spiegelte sich im Wasser. Das schwere Gebäude mit seinen dicken Säulen und großen Skulpturen schien auf einmal zu schwimmen. Die Photos, die dabei entstanden, sind von gespenstischer Schönheit. Die Oper, die ganze Stadt erhebt sich machtvoll aus den Fluten der Elbe, sie ertrinkt nicht, sie geht nicht unter, sie überlebt.

Wer vom Theaterplatz aus noch einmal das Schloß betrachtet, kann sich wieder nicht vorstellen, daß einem auch hier Anfang der Neunziger leere Fensterhöhlen entgegenstarrten. Ich selbst muß alte Aufnahmen herauskramen und mir vergegenwärtigen, daß der Turm auf der nordöstlichen Ecke wie alle Ecktürme Anfang der Neunziger, als ich nach Dresden kam, noch kein Dach hatte. Aus Gitter hatte man eine Haube gebogen, die der einstigen Form entsprach. Das neue Dach ist aus Kupfer, Kupfer hat die Eigenschaft, sich schon nach wenigen Wochen zu verfärben. Heute ist das Dach dunkelgrün, ja, fast schwarz.

Ich habe dieses Dach noch kupferfarben in Erinnerung, weil ich es sah, nachdem es neu aufgesetzt worden war. Jeder noch so kleine Schritt erfüllte einen mit Hochgefühl. Ich habe auch mit eigenen Augen gesehen, wie der Hausmannsturm mit den hübschen goldenen Kugeln auf seine jetzige Höhe gebaut wurde. Als ich zum erstenmal nach Dresden kam, stand an seiner Stelle nur ein halbhoher, achteckiger Stumpf. Und ich erinnere mich wie heute an den Tag, an dem er seine hohe, spitze Haube zurückbekam. Kein leichtes Unterfangen – es war ein stürmischer Tag, und der Wind zerrte an den dikken Drahtseilen, an denen das schwere Dach hing, bevor es vorsichtig und zielgenau abgesetzt wurde. Da ging ein Ruf der Erleichterung über den Platz. Die Leute – ob nun zufällig stehengeblieben oder absichtlich gekommen – applaudierten.

Ich habe einer schönen Frau beim Ankleiden zugesehen. Ein Geschenk! Ich habe gesehen, wie sie im Bademantel vor der Frisierkommode sitzt, ein wenig gelangweilt schaut sie in den Spiegel. Doch dann richtet sie sich auf, kämmt die Haare, schminkt sich die Lippen, wählt ein Parfum. Sie sucht den passenden Schmuck, das passende Kleid. Sie probiert mehrere Paar Schuhe an, bis sie die richtigen gefunden hat. Prüfend geht sie vor dem Spiegel auf und ab. Dann legt sie noch Ohrringe an, lange, glänzende Steine, streift einen Ring über, wirft sich schließlich den schweren Schal um die Schultern, greift zum warmen Mantel, zieht die schwarzen Samthandschuhe aus der Tasche. Sie strahlt, sie funkelt, sie ist bereit, sich zu zeigen. Ich hab einer schönen Frau beim Ankleiden zugesehen. Die Dame heißt Dresden.

Essen Sie Kuchen oder Vom Reinheitsgebot bei Stollen und anderen kulinarischen Raffinessen

Wer am Neustädter Bahnhof dem Zug entstiegen ist, kann auf dem Weg zu Erich Kästners Wohnhaus gleich mal auf der Königsbrücker Straße in die Bäckerei Rißmann marschieren: Kuchen kaufen. Kaum in Dresden angekommen, und gleich muß dringend Kuchen gegessen werden. Morgens, mittags, nachmittags Kuchen. Nichts geht über den sächsischen Kuchen. Quarkkuchen, Eierschecke, Kirschstreusel, Pflaumenstreusel, Puddingstreusel, Apfelkuchen, gedeckter Apfelkuchen, Apfelkuchen mit Rosinen, Schokoladen-Kirsch-Kuchen, Donauwellen – Kuchen, daß sich die Bleche biegen. Ja, Bleche, denn hierzulande wird der Kuchen auf Blechen gebacken.

Wenn er warm und duftend aus dem Ofen kommt, schneidet ihn die Bäckerin in rechteckige Stücke. Jedes Stück ist gleich groß, jedes hat die Form eines Quaders, jedes sieht aus wie ein Baustein. Und so wird es auch behandelt. In Sachsen wird Kuchen gestapelt. Schon beim Verkauf werden die Kuchenteile eng auf einen kleinen Pappteller gelegt, dann aufeinandergetürmt, fest in Butterbrotpapier eingeschlagen und zum Schluß auf der flachen Hand über die Theke gereicht. Wie ein Paket sieht das aus, wie ein großer verpackter Ziegelstein. In Sachsen verkauft man Kuchen in Paketen. Das ist praktisch, da kann nichts schiefgehen.

Und später, wenn man mit den Freunden zusammensitzt und Kuchen ißt, kann man gut teilen. Denn wer mag sich schon auf eine Kuchensorte beschränken? Normalerweise will man doch von jedem ein bißchen probieren. Und ein ganzes Kuchenstück ist eigentlich immer zuviel. Das ist in Dresden kein Problem. Ein Rechteck läßt sich gut in zwei Quadrate schneiden, aus eins mach zwei. Und dann kann man wieder stapeln, rundstapeln, kunstvoll stapeln, ausprobieren, wie viele Stücke auf einen kleinen Frühstücksteller passen. Dazu gehört schon ein wenig Geschicklichkeit, ja technische Begabung, Fragen der Statik sollten hier unbedingt berücksichtigt werden. Aber nur Mut! Mit Stapeln beschäftigen sich schon Einjährige.

Bei gewöhnlichen Tortenstücken geht das nicht, bei diesen Schnitten, diesen kompliziert mehrschichtigen Dreiecken mit dem dämlichen Trennpapier, das die Verkäuferin scheinbar vorsorglich dazwischen legt, damit sich die unterschiedlichen Torten nicht gegenseitig bekleckern oder gar wollüstig ineinandersinken. Diese lächerlichen Papierchen, die ja doch nicht halten, wenn das einzelne Tortenstück von der Pappunterlage auf einen Teller geschoben wird. Spätestens dann fällt alles um, die einzelnen Schichten brechen auseinander, die hübsche Verzierung, der zarte Marzipanmantel, das gläserne Gelee, der extra dünne Boden, alles stürzt übereinander und macht aus dem Schichtwerk ein wüstes Schlachtfeld.

Das kann einem mit sächsischem Kuchen nicht passieren. Den kann man auf der Baustelle essen. Natürlich gibt es auch hierzulande Torten und entsprechende Unfälle bei Transport und Verzehr, doch das ist die Ausnahme. Der normale Kuchen ist ein Rechteck, und er wird gestapelt.

Und er schmeckt phantastisch! Welche Sorte man auch

wählt, er schmeckt immer gut. Nicht zu trocken, nicht zu matschig, nicht zu fad und nicht zu süß. Bekannt ist hierzulande die sogenannte Eierschecke, eine Zusammenstellung aus Mürbteig, Quarkfüllung und einer Schicht Pudding mit geschäumten Eiern. Aus Eierschecke mache ich mir persönlich gar nichts. Für die unterschiedlichen Obststreuselsorten hingegen würde ich Kilometer laufen. Kirschstreusel, Apfelstreusel, Pflaumenstreusel. Das ist überhaupt der allerbeste. Duftender, wespenumsummter, saftiger Pflaumenstreusel. Eine kleine Bäckersfrau mit drallen Oberarmen, der weiße Kittel platzt aus allen Nähten, die ungerührt von den ewig summenden, brummenden, auf und ab schwebenden Biestern einen Block über den anderen packt. Das ist sächsischer Kuchen. Eine Wucht. Eine Katastrophe für die Taille. Einfach göttlich.

Wenn die Kinder mittags aus der Schule kommen, gehen sie zum Bäcker und fragen nach Kuchenrändern. Meist gibt ihnen der Bäcker reichlich, eine ganze Papiertüte voll für höchstens einen Euro. Das hat Tradition. Denn bevor der Kuchen in Quader zerschnitten wird, trennt der Bäcker großzügig die Ränder ab. Und mit den Rändern kann er nichts anfangen, manch einer verschenkt sie sogar. Dabei sind sie süß und knusprig, und sie schmecken fast genauso gut wie der ganze Kuchen. Schon das ist sächsische Gastlichkeit, ja, Großzügigkeit. Oder fröhliche Gutmütigkeit.

Wer Dresden in der Advents- oder Weihnachtszeit besucht, wird beim Bäcker nicht nur Kuchen, sondern auch Dresdner Stollen finden. Er ist der bekannteste sächsische Kuchen, wenn man ihn überhaupt als solchen bezeichnen darf. Und er ist so reichhaltig, daß der Stollengenießer schon nach einem Stück Gefahr läuft zu platzen.

Ursprünglich war der Stollen eine adventliche Fastenspeise, seine Form soll an das in Leinen gewickelte Christuskind erinnern. Nur Mehl, Hefe, Öl und Wasser durften in den

Stollen. 1450 genehmigte der Papst den Bäckern gegen gewisse Auflagen, finanzieller Art natürlich, daß sie Butter hinzufügen durften. Ab dann wurde der Stollen zunehmend verfeinert und schmeckte immer besser. Zum Beweis, doch vor allem zur Bestechung, brachten die sächsischen Bäcker noch bis ins 19. Jahrhundert dem König feierlich jeden zweiten Weihnachtstag zwei Stollen von ein Meter fünfzig Länge und 36 Pfund Gewicht. Buße für ein Stückchen Butter? Vom Butterzins, erzählt man, wurde der Freiberger Dom gebaut. Immerhin.

Viele backen den Stollen zu Hause und selbst. Lange vor Adventsbeginn erfüllt der Duft nach süßem Teig, Rosinen, Mandeln, Zitronat und Orangeat Küche, Wohnung und Haus. Der Teig ist schwer und klebrig, es macht keinen Spaß ihn herzustellen. Außerdem darf man gleich nach dem Backen nichts davon essen. Stollen muß ruhen. Er braucht Zeit. Tage und Wochen muß er im Kasten liegen, bis er sich bequemt, so zu schmecken, wie es sich gehört. Aber so ist das eben im Advent: Die meiste Zeit verbringt man mit Warten.

Wer Stollen selbst backt, ist durchaus mutig, denn das ist eine ernste Angelegenheit. Das kann nicht jeder! Schon gar nicht jeder Bäcker. Behaupten vor allem die sogenannten Stollenbäcker. Jedes Jahr sind die Zeitungen voll von neuen Geschichten über den Bäckerstreit. Die Stollenbäcker sagen gerne, andere Stollenbäcker würden zuviel Stollen backen und dafür viel zuwenig Geld nehmen. Das drücke allgemein die Preise, und außerdem sei billiger Stollen schlechter Stollen und gar kein richtiger Stollen. Anfang der Neunziger wurde eine Art Stollenbäckerclub gegründet, der »Schutzverband Dresdner Stollen«. Jedes Mitglied verpflichtet sich, achthundert Euro jährlich zu zahlen und nur ganz richtige Stollen zu backen. Dafür darf er sich dann im Herbst Qualitätssiegel kaufen, die auf seine Stollen kleben, sie aber nicht zu günstig verkaufen, denn sonst sind, wie gesagt, die anderen Clubmitglieder trotzdem sauer.

Einst wallte die alljährliche Stollenerregung bis weit in den Himmel hinauf. Irgendein Schlauberger hatte gemerkt, daß in den Flugzeugen der Deutschen Lufthansa, in womöglich genau der Linie, die täglich über Dresden kreist und am Flughafen Klotzsche startet und landet, Dresdner Stollen angeboten wurde, der nicht dem Original entsprach. Das ging zu weit, da waren sich alle Dresdner einig. Das roch nach handfestem Ost-West-Konflikt, nach heimlicher feindlicher Übernahme, nach Usurpation. Am liebsten hätten sie die Flieger sofort vom Himmel geholt.

Doch das Unternehmen hatte ein Einsehen. Der Stollen wurde umbenannt, und die Dresdner gaben Ruhe. Wahrscheinlich war die Adventszeit sowieso schon vorbei.

Wirklich und wahrlich echt ist wahrscheinlich nur der Christstollen, mit dem Jahr für Jahr der Dresdner Striezelmarkt, der älteste deutsche Weihnachtsmarkt, eröffnet wird. Denn hier schauen so viele Menschen zu, Hunderttausende kamen im letzten Jahr, daß einfach gar nichts schiefgehen darf.

Außerdem ist ein eigens gewähltes Stollenmädchen dabei und paßt genau auf. Dieser Striezel, um das sächsische Wort für Stollen zu bemühen, mißt vier bis fünf Meter, enthält über eine Tonne Mehl, Millionen Sultaninen, mehrere hundert Kilogramm Zucker und achtzig Liter Rum. Die genauen Mengenangaben werden regelmäßig in der Lokalpresse veröffentlicht.

Die Zutatenmengen, mit denen hier hantiert wird, erinnern an das Zeithainer Lager von August dem Starken, anläßlich dessen 1730 ein Stollen gebacken wurde, der so groß und schwer war, daß er auf einem Pferdewagen zu den Festgästen gefahren wurde. Sechzig Gehilfen gingen dem Bäcker zur Hand, als der achtzehn Ellen lange und eins Komma acht Tonnen schwere Kuchen aus dem eigens dafür gebauten Ofen gezogen wurde. Impresario dieses Manövers und Repräsentationsspektakels war übrigens schon Heinrich Graf Brühl, der sich dabei seine ersten Sporen verdiente.

Was für ein Aufwand! Da lobe ich mir den Dresdner, der jedes Jahr in der Vorweihnachtszeit still und unverdrossen zur Feinbäckerei Metasch in der Görlitzer Straße marschiert, dem wohl kleinsten Laden dieser Art in der Äußeren Neustadt, dort eine sorgfältig ausgeführte Liste von Adressen auf den Tresen legt, eine gewisse Summe Geld entrichtet und mit freundlichem Gruß wieder von dannen zieht.

Denn auch das ist Dresdner Sitte, und es ist eine schöne Sitte. Wer nicht selbst Stollen backen kann, läßt backen, und er läßt vor allem verschicken. Es gibt kaum eine Bäckerei, die diesen Service nicht anbietet. Tatsächlich bringt mitten im Advent, wenn die Verzweiflung über trockene Lebkuchen und angebrannte Plätzchen in Frankfurt (selbstredend am Main), München oder im Sauerland schier grenzenlos ist, wenn in London die Angst vor dem traditionellen Plumpudding-Gelage schon die Kehle zuschnürt, in South-Carolina zuviel Sonne für die Jahreszeit scheint oder selbst im wunderbaren Südfrankreich ein wenig Sehnsucht nach der trauten deutschen Weihnacht ausgebrochen ist, der Postbote auf einmal ein Paket.

Und plötzlich steht ein länglicher Pappkarton auf dem Tisch, er ist leicht verbeult, bedruckt mit bunten Engeln und Sternen und sorgfältig mit einer Kordel verschnürt. Heraus wälzt sich, dick bestäubt mit Puderzucker und voll der getränkten Rumrosinen, der fabelhafte Stollen. Er ist nicht zu hart und nicht zu weich, nicht zu süß und nicht zu einerlei, er schmeckt nach Advent und Tannenduft, nach heißem Grog und langen, dunklen Abenden im Kerzenschein. Er riecht nach stiller Süßigkeit. Er breitet sich aus, er wird immer größer, er scheint den ganzen Tisch zu bedecken, er wird bestimmt reichen, bis Weihnachten, bis Silvester, ja bis in den Januar hinein. Selbst wenn man ihn sofort anschneidet, umgehend Unmengen davon verzehrt – man wird bis zum Sankt-Nimmerleins-Tag reichlich davon haben.

Und dann freut er sich, der mit Stollen Beschenkte, der einsame Ruhrpottler im wintertrüben Wuppertal, der melancholische Saarländer an grau dahinfließender Saar, der Wahlfranzose in der fernen Provence. Sie alle sind bewegt und froh, daß sie einen Dresdner kennen.

Wer den Dresdner Stollen auf dem Striezelmarkt genießt, sollte dort versuchen, noch eine weitere sächsische Köstlichkeit zu ergattern: »Guoggölchen«, zu deutsch: Quarkkeulchen. Sie werden in Fett gebacken, es sind praktisch kleine Krapfen. Aber der Teig ist leicht und schaumig, der Quark gibt ihm eine fruchtige Note. Auf dem Markt bekommt man sie frisch zubereitet und heiß, wahrscheinlich wurden sie kurz in Zucker gewälzt und dann in eine Papiertüte gefüllt. Das Fett zeichnet Flecken auf die Tüte, sie hat davon kleine durchsichtige Fenster, aber das interessiert nicht. Wichtiger ist die Frage, wie man die Keulchen so schnell wie möglich in den Mund bekommt, ohne sich die Finger zu verbrennen. Denn sie müssen warm gegessen werden, besonders bei winterlichen Temperaturen, sonst sind sie nur die halbe Freude.

Feine Leute müssen Quarkkeulchen vom Teller essen, mit Löffel und Gabel. Es gibt sie zum Nachtisch, und wenn sie serviert werden, meint man leicht, man müßte platzen. Ein volles Hauptmenü mit Suppe, Gemüse, Fleisch und Kartoffeln und zum Abschluß Quarkkeulchen – in diesem Moment wünscht sich jeder einen zweiten Magen. Oder eine kurze Pause, einen Mittagsschlaf oder wenigstens eine stabile Papptüte, in der er die Köstlichkeit verstauen könnte. Doch jetzt keine Müdigkeit vorschützen, keine Zimperlichkeiten, bittschön. Bei Quarkkeulchen heißt es tapfer sein. Da kann man nicht nein sagen.

Zum Ausgleich bekommen die feinen Leute Vanilleeis dazu serviert oder pürierte Früchte: Erdbeeren, Pflaumen oder Himbeeren, ein Fruchtmus oder Fruchtmousse, wie man dazu auch sagt. Mousse an Keule, Frucht an Quark. Da kann Besteck nicht schaden. Wohl bekomm's! Wenn sie einmal über die Lippen und an der Zunge vorbeigeglitten sind, wenn sie sich sanft an den Gaumen gedrückt haben und schließlich in den Magen hinuntergerutscht sind, ist man selig. Die Augen verschließen und leicht stöhnen vor Glück, das macht die sächsische Quarkkeule.

Genug vom sächsischen Essen. Schluß mit der Völlerei. Jetzt geht es an wahre kulturelle Werte. Ich weiß, es gäbe noch viel zu berichten. Von Pulsnitzer Lebkuchenspitzen oder Russisch Brot von der Dresdner Dr. Quendt Backwaren GmbH (welche Stadt hat schon einen Bäcker mit Doktortitel?), ganz zu schweigen von Gerichten wie Sächsischem Sauerbraten mit Klößen.

Es gäbe zu erzählen, daß Dr. Hartmut Quendt 1985–89 eigens eine Maschine erfand, mit der man Russisch Brot am Fließband produzieren kann, Seite an Seite übrigens mit Herbert Wendler, der sich seinerseits rühmen konnte, den Dominostein erfunden zu haben. Nein, nicht den harten Spielstein in Schwarzweiß, sondern den Kleinstschichtkuchen feinster Sorte, den Gipfel an weihnachtlicher Spezerei schlechthin!

Und wer weiß schon, daß besagter Dr. Quendt seine Maschine nach der Wende unter dramatischen Bedingungen vor der Verschrottung retten konnte, um damit heute erfolgreicher zu produzieren denn je. Genug davon! Fortan soll Ihnen angesichts anderer Dresdner Köstlichkeiten das Wasser im Mund zusammenlaufen. Auf in die Museen!

Ausschlafen bei den Alten Meistern: die Dresdner Museen

Wer nach dem kleinen Rundgang noch nicht genug von Dresden hat, sollte nun doch kurz, insbesondere bei Regenwetter, einen Blick in die Museen werfen. Mindestens um ein wenig auszuruhen.

Man sagt von der Sammlung Alte Meister in der Sempergalerie, es sei ein Museum von internationalem Rang: Die Venus von Giorgione, die Sixtinische Madonna, Dürers Marienaltar – was mich in erster Linie begeistert, sind die Sitzbänke. Die erinnern in der Tat an Museen von Weltrang, an das Kunsthistorische Museum in Wien, an die Petersburger Eremitage oder an den Louvre in Paris. Die Bänke sind mit festem, dunklem Leder bezogen, sie sind weich, sie sind rund, und sie stehen in den Sälen in der ersten Etage, in denen man sowieso vor Bewunderung zu Boden sinkt, weil sie so prächtig ausgestattet sind. Da kann man sich doch viel besser auf einer bequemen Bank niederlassen.

Und dann kann man schauen. Einige Bilder hängen oben in der zweiten Reihe; die meisten sind so groß, daß ein wenig Abstand dem Betrachter ganz nützlich ist. Und dann die

Augen schließen, andächtig sozusagen, und ein wenig schlummern. Meines Erachtens ist es ganz wichtig, daß man im Museum hin und wieder schläft. Nirgends schläft man so gut wie im Theater, im Hörsaal oder im Museum. Umgeben von großartiger Sprache, feinen Gedanken, klugen Inszenierungen, aufgehoben in der Nähe von Kunst und der Suche nach der Wahrheit, nirgends fühlt man sich so geborgen wie angesichts eines gemütlichen Breughels oder Schillerscher Dramatik, in Gegenwart eines großen Rhetorikers oder einer blitzgescheiten Wissenschaftlerin.

Ich habe einen Freund, Schauspieler in Petersburg, der schläft immer im Konzert. Was er liebt, ist das Stimmen der Instrumente, das Ordnen der Notenpapiere, das verfolgt er mit großer Aufmerksamkeit, ja, mit gespitzten Ohren. Er beobachtet, wie die Musiker sich zurechtsetzen, wie sie die Frackschöße geradeziehen und die Violinen unter das Kinn legen, wieder absetzen, neu anlegen, so lange probieren, bis sie richtig sitzen.

Doch sobald der Dirigent die Arme hebt, sobald der Raum sich verdunkelt und das eigentliche Konzert beginnt, schwinden ihm die Sinne. Er kann beim besten Willen nicht die Augen offenhalten. Nichts schläfert ihn so ein wie das geordnete, gemeinsame Musizieren nach Noten.

Eigentlich schade, denn wenn er wieder aufwacht, hat es sich mit der Kunst. Der Applaus tost, die Musiker verbeugen sich, und die Zuschauer wandern zur Garderobe. Im Museum kann einem das nicht passieren. Die Bilder bleiben in ihrer Erhabenheit unverrückbar an derselben Stelle. Ob man schläft oder wacht, sie verschwinden nicht. Wer einschläft, sieht kurz zuvor noch Wunderwerke, und wenn er wieder aufwacht, findet das Wunder immer noch statt.

Wer hinreichend geruht hat, sollte sich dann getrost etwas umsehen. »Die sieben Schmerzen der Maria« (1495) von Albrecht Dürer ist in der Tat ein beeindruckendes Werk, zumal wenn man bedenkt, daß Friedrich der Weise es bei dem

Künstler in Auftrag gab, als der gerade mal 24 Jahre alt und noch nicht sonderlich bekannt war. Doch der sächsische Kurfürst war von ihm überzeugt. Er hatte Dürers Fähigkeiten erkannt, wollte ihn fördern, was ihm gelang, und er gewann damit unschätzbar kostbare Arbeiten für die Dresdner Sammlung, so auch den »Dresdner Altar« (1496).

Besonders schön ist der Saal, in dem die Werke Dürers gezeigt werden. Er ist hell und kühl, der Boden komplett mit Marmor in schwarzweiß ausgestattet. Durch die Fenster fällt gedämpftes Licht aus dem Zwingergarten. Hier hängen auch der »Katharinenaltar« von Lucas Cranach und die Arbeiten von Hans Holbein dem Jüngeren, wie das mächtige »Bildnis des Charles de Solier«. Es gehört zu den hundert besten Bildern aus dem Besitz des Herzogs von Modena, die das sächsische Königshaus 1746 zum Preis von hunderttausend Zechinen erwarb. Man bedenke, nicht einfach hundert Bilder, sondern die hundert besten Bilder. Dazu zählen der »Zinsgroschen« von Tizian, Tintorettos »Bildnis einer Dame in Trauer« und »Die heilige Nacht« von Correggio, das heute vielleicht dramatischste Bild der Galerie.

Dank dieser wertvollen Grundausstattung liegt der Schwerpunkt der Sammlung bei der italienischen Malerei der Renaissance mit wesentlichen Werken von Raffael, Giorgione und Tizian. Zusammengetragen wurde sie in knapp fünfzig Jahren von August dem Starken und, mehr noch, von seinem Sohn und Thronfolger August III.

August der Starke muß besessen gewesen sein von schönen Bildern, zu Hoch-Zeiten seiner Sammelleidenschaft verging kaum eine Woche, ohne daß ein neues Gemälde in Dresden ankam.

Doch er war auch gut beraten, denn es sind Meisterwerke, die seine Sammlung schmücken. Eine der herausragenden Arbeiten ist die »Sixtinische Madonna« von Raffaello Santi, genannt Raffael, für die August der Starke eigens eine Ausfuhrgenehmigung vom Papst erwirken mußte. Man erzählt, daß die Madonna bei Nacht und Nebel gegen eine selbstredend auch teuer bezahlte Kopie ausgetauscht werden mußte, denn die Gläubigen, die das Kloster von Piacenza, für das Raffael das Marienbild gemalt hatte, regelmäßig zum Gebet aufsuchten, hätten einen Aufstand gemacht, wenn sie erfahren hätten, daß ihre Madonna verkauft worden war. Sie sprachen dem Bild heilende Wirkung zu.

August den Starken trieb nicht nur Kunstbesessenheit, er wollte mit den Ankäufen auch Macht und Selbstherrlichkeit zum Ausdruck bringen. Als er Giorgiones »Schlummernde Venus« erwarb, befand sich der Künstler auf dem Höhepunkt seines Könnens. Alle Welt schaute auf ihn. Die Venus war das wertvollste Bild, das man zu diesem Zeitpunkt kaufen konnte. Zwei Jahre später starb Giorgione an der Pest. Kein geringerer als Tizian vollendete das Bild.

Neben den Italienern fanden auch herausragende Exemplare der holländischen und flämischen Malerei des 17. Jahrhunderts den Weg nach Dresden. Zu sehen sind heute bedeutende Arbeiten von Rembrandt, Vermeer, Ruysdael, vertreten auch die großen Flamen Rubens, Jordaens und Van Dyck.

Rembrandts Werke füllen einen ganzen Saal. Gleich drei Bilder von Ehefrau Saskia hat Dresden aufzuweisen, einmal die junge Saskia, kaum getraut, dann das anzügliche, geradezu obszöne »Selbstbildnis des Künstlers mit seiner jungen Frau Saskia« (1635). Was war ihre Familie zornig darüber. Ist das nicht der verlorene Sohn im Hurenhaus, als der sich Rembrandt darstellte und der dem Betrachter frech zuprostet? Und sitzt die junge Saskia nicht gleich einer Prostituierten auf seinem linken Knie?

Schließlich hängt hier ein Bild der älteren Saskia, »Saskia mit der roten Blume« (1641), entstanden ein Jahr vor ihrem Tod. Eine Blume hält sie dem Betrachter hin, dabei ist es der Maler selbst, dem sie sie reicht. In ihren Blick hat er alle Zuneigung gelegt, die sie für ihn, aber die letztlich er für sie empfindet.

Im Raum daneben hängen die Bilder von Jan Vermeer van Delft, »Bei der Kupplerin« und, noch zauberhafter, das »Brieflesende Mädchen am offenen Fenster«, sowie Gerard ter Borchs »Dame in weißem Atlas vor dem Bett mit roten Vorhängen«. Unbeschreiblich die Farbigkeit der Stoffe, die Schönheit des Kleides aus hellem, silberglänzendem Atlas. Wie das Licht sich in dem Stoff verfängt. Da stockt einem der Atem.

Die Sempergalerie war von 1988 bis 1992 geschlossen und wurde grundlegend saniert. Die Wiedereröffnung kam einem Staatsakt gleich. Besucher aus aller Welt strömten durch die Säle. Eine Dame trug exakt das gleiche Gewand, die gleiche Frisur wie die »Dame in Weiß« von Tizian, ein Gemälde aus der Sammlung. Sogar ein Fähnchen gehörte zu ihren Accessoires. Alle waren begeistert.

Auf ähnliche Exaktheit ist bei der Sanierung gehalten worden, die Wände haben wieder die gedeckten Farben von einst. Die saal- und themenspezifische Verzierung am oberen Rand, die Deckenfenster (Tageslicht!), die Wandtäfelung, die Böden – alles ist wie aus einem Guß. Das Parkett wurde nicht etwa durchgängig verlegt, sondern ist in den großen Sälen von einem dunklen Streifen unterbrochen. Prachtvoll, wenn auch unbezahlbar, aber die Museumsleitung konnte sich durchsetzen. In Dresden ist man eben nicht nur bei der Wahl der Bilder pingelig.

Auch die Rahmen verdienen Beachtung. Sie stammen im wesentlichen aus einer Werkstatt. Der Meister hieß Joseph Deibel, und er hat auch gearbeitet wie der Deibel. Hunderte von schwergoldenen Rahmen in wenigen Jahrzehnten, und keiner gleicht dem anderen. Mit wieviel Liebe sie geschnitzt wurden: Einmal sind die Rocaillen in die Länge gezogen, einmal üppig und klein, hier ist das Schild mit dem A. R. für Augustus Rex schmal und hoch, dort wieder breit, je nachdem wie groß das Bild war. Bei allem Prunk haben die Rahmen, was nicht auffällt, unten glatte Ränder. Man kann sie auf den Boden stellen oder zwei mit dem Rücken aneinanderlehnen und gut transportieren. Der Deibel hat eben mitgedacht.

Zwei »amuse-gueules« am Rande: Besonders empfindliche Bilder wurden später mit Glas geschützt, die schweren goldenen Rahmen der Länge nach aufgeschnitten, das Glas eingesetzt und mit Scharnieren und einem zierlichen Schloß versehen. Nur der Museumswärter hatte die Schlüssel zu diesen vielen kleinen Rahmenschlössern. Ganz hohe Besucher durften die Bilder ohne Glas betrachten

Und dann die Sache mit der Krone. August der Starke war sächsischer Kurfürst und König von Polen. Also ließ er jeden Rahmen mit seinen Insignien versehen und mit einer Krone schmücken. Nach dem Siebenjährigen Krieg schlug man die Kronen ab. Schluß mit dem Königsgetue, hieß es damals. Das hat uns alle zuviel Geld gekostet, das hat uns Feinde gebracht, das hat uns den Krieg ins Land geholt.

Doch dann kam eine Zeit, gut zweihundert Jahre später, da war Königstreue geradezu revolutionär. Da konnte man für allzuviel Liebe zum Feudalismus sogar eingesperrt werden. Da gab es ihn tatsächlich, den heimlichen Kronenschnitzer. In den Werkstätten der Staatlichen Kunstsammlungen Dresden saß er, ein verdeckter Royalist. Immer, wenn ein Rahmen zu DDR-Zeiten restauriert werden mußte, haben sie ihm in der Werkstatt eine Krone aufgesetzt. Wer es weiß, kann's erkennen. So lang sind die Zeiten nicht her. Man sieht einen nagelneuen, goldglänzenden Rahmen, wie poliert, und auf den Initialen steckt wieder eine Krone. Das sind die Dresdner.

Das Grüne Gewölbe steht mit seiner Pracht den Gemälden der Sempergalerie in nichts nach. Die geballte Herrlichkeit, die dort gezeigt wird, ist schwerlich zu übertreffen. Es ist auch nicht einfach, einzelne Exponate herauszugreifen. Wie soll man sich angesichts einer Schatzkammer, in der es an allen Ecken glänzt und gleißt, die den Betrachter gerade durch ihren Überfluß, ihren grenzenlosen Reichtum überzeugen soll, entscheiden?

Auch hier kommt die Sammelleidenschaft Augusts des Starken zum Tragen. Für das Grüne Gewölbe kaufte er allerdings nicht nur ein, er inszenierte und entwickelte damit den Vorläufer eines Museums im modernen Sinn. Er plünderte die Kunstkammer seiner Vorgänger, die ihre Kostbarkeiten heimlich und verschwiegen im hintersten Dachgeschoß des Schlosses versammelt hatten, fügte seine Schätze hinzu und ließ in feinster Manier und von ausgezeichneten Künstlern acht Zimmer im Erdgeschoß zu Schauräumen ausbauen. Ein Inspektor durfte die Schätze ausgewählten Besuchern in kleinen Gruppen und nur nach Voranmeldung zeigen.

Die Räume waren so eingerichtet, daß die Gäste auf dem Weg durch das Bronzezimmer, dann das Elfenbein-, das Weißsilber- und schließlich das Goldzimmer allmählich eingestimmt wurden, um im Pretiosensaal und dem anschließend intimeren Eckkabinett mit den Figuren und Miniaturen aus Perlen, Saphiren, Smaragden und Elfenbein durch die Fülle und Pracht der Exponate geradezu erschlagen zu werden. Hatte man sich dann im darauffolgenden Wappenzimmer einigermaßen erholt, das dank entsprechender Insignien allerdings klarmachte, wie die politischen Ansprüche des Gralshüters geartet waren, trat einem wie ein abschließender Donnerschlag am Ende das Juwelenzimmer entgegen.

Was mich neben all den Schmuckstücken, Pretiosen, Tafelaufsätzen, Kandelabern oder den Absonderlichkeiten wie den grotesken Perlfiguren oder in Silber und Gold gefaßten Schalen aus Nautilus- und Seeschneckengehäusen besonders fasziniert, ist »Der Hofstaat zu Delhi am Geburtstag des Großmoguls Aureng-Zeb«. Bei diesem figurenreichen Ensemble sieht man, wie verspielt August der Starke und letztlich auch sein bester Goldschmied Dinglinger waren. Das ist Playmobil in Gold, das ist der Aufmarsch der Lieblings-Zinnsoldaten, das ist der Besuch von Jim Knopf und Lukas dem Lokomotivführer beim Kaiser von China, dargestellt in glänzenden Figürchen.

Man sieht förmlich, wie sich der König verzückt über das Bühnenwerk beugt, einzelne Tiere und Gestalten nach Gutdünken verschiebt, die Schirmchen geraderückt, die Sänften verstellt. Nicht zu glauben, mit welcher Akribie und Hingabe hier gewerkelt, gebogen, emailliert wurde. Was muß Dinglingers Werkstatt für einen Spaß dabei gehabt haben. Und was muß der König selbst gekichert haben vor Freude, als er den Hofstaat zum erstenmal sah.

Ähnlich begeistert der Kirschkern, in den 185 Köpfe eingeschnitzt sind. Das ist Kerntechnologie im 16. Jahrhundert. Der Künstler muß die Köpfe mit Hilfe von feinstem Gerät und einer Lupe gefertigt haben. Der Kern bildet das Mittelstück eines Anhängers, den man an einer Kette um den Hals tragen konnte. Obwohl die Fassung aus Gold und Perlen ist und ihr Materialwert den des Kerns um ein Vielfaches übertrifft, wirkt sie läppisch im Vergleich zu der Kunstfertigkeit, Geschicklichkeit und Geduld, von der der Kern kündet. Das Kleinod stammte noch aus der Kunstkammer im Dachgeschoß. Als Geschenk gelangte es in den Besitz Christians I.

Selbst die Verpackungen, die Schatullen und komplizierten Futterale, die man dank der Neueinrichtung der Sammlung im ersten Stock des Schlosses bestaunen kann, sind absolut beeindruckend. Skulpturen für sich. Achtzig Prozent von dem, was hier oben seit der Eröffnung 2004 zu bestaunen ist, war Jahrzehnte im Depot vergraben und nicht zu sehen.

Mit Spannung ist jetzt die Wiedereröffnung des eigentlichen Grünen Gewölbes im Erdgeschoß zu erwarten. Hier, wo schon August selbst seine Schatzkammer einrichtete, wo in dem Flammeninferno vom 13. auf 14. Februar 1945 wundersamerweise fünf Räume unversehrt blieben, während die anderen drei in der Hitze verglühten, wird man sie erneut besichtigen können, die unendlichen Kostbarkeiten. Wieder ein Grund, mit bebendem Herzen nach Dresden zu reisen – wenn man inzwischen nicht sowieso schon dort lebt.

In diesem Ton müßte ich fortfahren, denn wir sind längst nicht am Ende. Im Schloß selbst ist noch das Kupferstichkabinett, im Zwinger der Mathematisch-Physikalische Salon und das Porzellanmuseum mit dem Brühlschen Schwanenservice, im Albertinum die Skulpturen und die Sammlung Neue Meister, alles dicht beieinander im Herzen der Stadt. Dabei hätte ich noch nicht einmal das Hegenbarth-Archiv erwähnt oder das Kunsthaus und das Leonhardi-Museum mit wechselnden Ausstellungen zu Positionen zeitgenössischer Kunst und schon gar nicht das Stadtmuseum. Dresden hat über zwanzig Museen. Und alle sind sie sehenswert. Also los!

Nur darf man es nie übertreiben. Immer zwischendurch ins Kaffee gehen, oder hinaus an die frische Luft. Lieber dreimal in der Woche für eine halbe Stunde kommen als zwei Stunden am Stück. Lieber weggehen und dann wiederkommen. Das hält sonst kein Mensch aus.

Mit Museumsbesuchen ist es wie beim Fremdsprachenunterricht. Wer eine fremde Sprache lernen möchte, muß sich ihr voll und ganz hingeben, meinetwegen sogar in dem Land, in dem sie gesprochen wird, selbst. Doch bevor ihm der Kopf birst, gilt es schleunigst zurückzufahren in heimatliche Gefilde. Nur in entspannter und vertrauter Umgebung können die vielen unbekannten Vokabeln in den Teil der Hirnrinde fallen, in dem sie nachhaltig Wurzeln schlagen. Nach kurzem Heimaturlaub kann man getrost wieder in die Fremde reisen und dort weiter die Sprachenschulbank drücken. Man wird sehen: Gleich lernt es sich einfacher. Also: Immer schön zwischendurch ausruhen! Sonst ist Kunst nur anstrengend.

Die Pracht- und Prunkentfaltung der Wettiner, die in der Ära Augusts des Starken ihren Höhepunkt erreichte, die Sammelleidenschaft dann auch Augusts III. und seines Premiers Heinrich Graf von Brühl holte nicht nur die Kunst nach Dresden, sondern lockte auch zahlreiche Künstler und Kunsthandwerker in die Elbestadt. Neben Malern wie Canaletto oder Thiele wirkten hier im 17. und 18. Jahrhundert – um nur einige zu nennen – der Bildhauer Balthasar Permoser und sein Meisterschüler Benjamin Thomae, Goldschmied Johann Melchior Dinglinger, Baumeister Matthäus Daniel Pöppelmann, Porzellanmeister Johann Joachim Kaendler, Hoflackierer wie Martin Schnell und Christian Reinow, Hof- und Elfenbeindrechsler wie Georg Wecker und Egidius Lobenigk.

Obwohl sich das Blatt im 19. Jahrhundert wendete und die Wettiner bescheidener lebten, zog es weiter viele Künstler nach Dresden. Viele kamen, um zu lernen, manche eigens, um zu lehren oder einfach nur zu zeichnen und zu malen. Die anmutige Lage der Stadt am Fluß, das sanfte Licht, nicht zuletzt die Weinberge und romantischen Täler Richtung Meißen oder Pillnitz übten ihre eigene Anziehungskraft aus.

1764 gründete Kurfürst Friedrich Christian die »Allgemeine Kunst-Academie der Malerey, Bildhauer-Kunst, Kupferstecher- und Baukunst«. Hier lehrten Künstler und Professoren wie Canaletto, Giovanni Casanova, Caspar David Friedrich, Gottfried Semper oder Ludwig Richter. 1894 wird der Neubau für die Königliche Kunstakademie von Constantin Lipsius auf der Brühlschen Terrasse eingeweiht. Nun hat die Akademie nicht mehr nur einen guten Ruf, sondern auch eine prächtige Heimstatt.

Im Dunstkreis der Akademie entstanden Freundschaften und Verbindungen, aus denen 1905 die Künstlergruppe Die Brücke ersteht. Zu ihr gehören im Kern Karl Schmidt-Rottluff, Erich Heckel, Ernst Ludwig Kirchner und Fritz Bleyl. Später bekleiden Oskar Kokoschka und Otto Dix hier Professuren. Nach dem Krieg sind es A. R. Penck, Gerhard Richter und Max Uhlig, die die Dresdner Künstler über die Grenzen der Stadt und des Landes bekanntmachen.

Angesichts dieser langen Reihe bekannter Namen, den

Glanz des Grünen Gewölbes im Nacken und die großen Meister aus der Sempergalerie vor Augen – traut sich da überhaupt noch jemand in Dresden die Staffelei aufzustellen und den Pinsel zu schwingen? Oder nehmen die jungen Künstler »auf dem Brühl«, wie es in ihrem Jargon heißt, die Sammlung Alte Meister gar nicht zur Kenntnis? Sind die Permoser-Figuren im Zwinger für die Bildhauer – Plastiker, wie man im Osten sagt – überhaupt von Bedeutung? Wie hält man die Spannung zwischen dem alles überwältigendem Gestern und dem nüchternen Heute überhaupt aus?

Mit solchen Fragen würde man in der Akademie wahrscheinlich nur ein müdes Achselzucken oder ein unbekümmertes Lachen ernten. Junge Künstler sind unbeirrbar. Eher sieht sich der Direktor der Staatlichen Kunstsammlungen oder des Grünen Gewölbes in direkter Nachfolge Augusts des Starken, als daß ein junger Maler bei der Arbeit an die Nähe zu Canaletto oder Ludwig Richter denkt. Und sollte er es tun, könnte ihn das nicht irritieren.

Gerade weil die Dresdner Akademie sich durch eine klassische, um nicht zu sagen traditionelle Ausbildung auszeichnet, wird sie stark frequentiert und gerne besucht. Immerhin hat sie in den letzten Jahren wieder Künstler wie Eberhard Havekost, Thomas Scheibitz und Frank Nitsche hervorgebracht. Sie gelten mit dem Leipziger Neo Rauch als herausragende Vertreter der Neuen Deutschen Malerei und werden in Kunstmetropolen in der ganzen Welt herumgereicht. Die Summen, die für ihre Bilder bezahlt werden, bewegen sich im fünfstelligen Bereich.

Ob erfolgreich oder nicht – den Dresdner Künstler wird es immer geben. Es ist die Geschichte der Stadt, die ihn anlockt, es ist die Akademie, es ist nicht zuletzt die Atmosphäre, die hier herrscht. Er gehört zum Stadtbild wie der soignierte Kaufmann zu Hamburg und der Banker zu Frankfurt. Man sieht ihn mit wehendem Umhang und breitkrempigen Hut auf die Akademie zuschreiten, unter einem Arm die Skizzenmappe, in der anderen Hand die längst erkaltete Pfeife, im Kopf die frisch immatrikulierten Künstlerinnen. Man trifft ihn an den Elbwiesen, wo er mit Zeichenblock und Staffelei bewaffnet am Ufer entlangmarschiert, immer auf der Suche nach der richtigen Perspektive. Er filmt verzückt mit der Videokamera in der Hand ein paar Arbeitslose, steht dabei aber womöglich auf dem Kopf. Oder er begegnet einem abends in der Neustädter Kneipe, wo er sich mit seinen Kumpanen zum fidelen Zechgelage verabredet hat.

Manche von ihnen fallen gar nicht auf, sie huschen nur wie Bindfäden durch die Gassen, notorisch verhungert und verfroren, ohne Geld, doch voller Visionen. Sie wohnen in alten, unsanierten Wohnungen, den Strom holen sie sich beim Nachbarn, und im Winter friert die Wasserleitung regelmäßig zu. Nachts wird gearbeitet, tagsüber geschlafen. Einmal in der Woche treffen sie sich zum Aktzeichnen, für ein paar Euro zieht sich ein mageres Modell für sie aus. Meist hockt sich die Schöne vor die zwei Heizlüfter, die einzige Wärmequelle in dem sonst unbeheizten Raum.

Oder sie fahren gemeinsam nach Kuks in Tschechien zum plein air. Da kann man ungestört im Freien böhmischen Barock abzeichnen und sich für wenig Geld mal wieder so richtig an Knödel, Gulasch und brauner Soße satt essen. Uuuh, ist das ein hartes Leben! Und dann ist die Mappe fertig, und die Aufnahmeprüfung naht. Und dann wird man wieder nicht angenommen. Wozu das alles?

In Dresden werden die Künstler wärmstens aufgenommen. Künstler sein – das gehört hier einfach dazu. Wer nicht selbst ein Künstler ist oder sich zu einem stilisiert, liebt wenigstens die Künstler und fördert sie. Dresden wäre nicht mehr Dresden, wenn es hier plötzlich keine Künstler mehr gäbe.

Und die Künstler danken es dem Ort, indem sie ihn schmücken, beleben und feiern. Sie veranstalten an den unglaublichsten Orten Feste, gestalten abbruchreife Häuser kurzzeitig zu Kneipen und Tanzsälen um, musizieren unter den Brücken oder inszenieren Performances in den Hinterhöfen.

Manche zeigen ihre Liebe zu Dresden auch dadurch, daß sie pausenlos auf seine Provinzialität schimpfen. Sie reden ständig davon, daß sie weggehen wollen, einige bringen sich auch mit vierzig um, weil sie noch nicht so berühmt sind, wie sie es sich vorgestellt hatten. Andere nehmen sich gleich nach dem Diplom den Strick, andere sterben beim Liebesakt. Viele aber bleiben ihr Leben lang hier, malen ein Bild nach dem anderen, photographieren, filmen oder modellieren und sind im Endeffekt nicht unglücklich. Schließlich bleibt die Hoffnung, keiner zehrt davon so stark wie der Künstler.

Und schließlich passieren hier Geschichten wie die von Thoralf Knobloch. Jahrelang war er nur Ateliernachbar von Eberhard Havekost, jahrelang quälte er sich mit Selbstzweifeln, hangelte sich von einer Sozialhilferate zur nächsten, malte verzweifelt gegen Existenzsorgen und Depressionen an. Einmal ließ er versehentlich seine Bilder auf dem Flur stehen. Der Galerist kam vorbei, blieb stehen, begann darin zu blättern. Heute werden die Arbeiten in Köln und Berlin gezeigt. Morgen gehört ihm die ganze Welt.

Und das schönste an der Geschichte ist: Die Dresdner Künstler, die ihn kennen, seine Freunde, die freuen sich darüber wie verrückt.

Gotteshaus und politisches Symbol: die Frauenkirche

Steil ist der Weg hinauf auf das Dach der Frauenkirche. Den größten Abschnitt überwindet man mit Hilfe eines Aufzugs, aber dann geht es noch viele Stufen hinauf, über eine langgezogene Schräge einmal um die hohe Kuppel herum und zum Schluß noch eine so steile Treppe hinauf, daß man meint, man klettere eine Hühnerleiter hinauf. Das ist die Himmelsleiter aus Jakobs Traum, sie führt direkt in die Wolken. An ihrem Ende muß man mit Kraft eine kleine, aber schwere Tür aufstoßen – dann ist man am Ziel.

Der Wind reißt an den Kleidern, fegt durch die Haare. Die frische Luft läßt aufatmen. Vielen hat das Wiedersehen Tränen in die Augen getrieben. Auch wer die Frauenkirche nur aus der Ferne kennt, empfindet die starken Emotionen, die ihren Wiederaufbau begleitet haben. Hier oben, im Schutz der steinernen Laterne, wird allen ein bißchen leichter ums Herz.

Ganz Dresden liegt einem zu Füßen. Wie fremd die Stadt von hier oben aussieht. Wo ist jetzt noch einmal die Neustädter, wo die Altstädter Seite? Wenn die Elbe nicht wäre, könnte man sich kaum orientieren. Weit schweift der Blick in die Ferne.

Man sieht die Elbschlösser, die barocken Bögen, die der Fluß schlägt, weiter hinten das Blaue Wunder und vielleicht sogar, wenn die Luft klar ist, die Berge, die zwischen Sachsen und Böhmen liegen. In der anderen Richtung glaubt man, Meißen zu erahnen. Jedenfalls sieht man den Schlachthof und die überdimensional große Bienert-Mühle von Friedrichstadt.

Auch der Blick in die nächste Umgebung ist interessant. Wie viele Plattenbauten hier stehen, wie viele unansehnliche Gebäude. Ist das wirklich das hübsche Elbflorenz? Die bekannten Altbauten, von denen Dresdenliebhaber so schwärmen, reduzieren sich, aus der Vogelperspektive betrachtet, auf ein Minimum. Und die zahlreichen unbebauten Stellen, die Grünflächen und Brachen. Soviel Leere, soviel undefinierter Raum. Schlagartig wird bewußt, wieviel im Krieg zerstört wurde, wie klein der Teil der Stadt ist, der tatsächlich an die einstige Pracht erinnert. Was muß Dresden vor dem Krieg für eine herrliche Stadt gewesen sein. Wie hat sie eigentlich damals ausgesehen?

Es gibt ein paar Filme, die das alte Dresden zeigen. Gesammelt, bewahrt, ja geschnitten und zu einzigartigen Dokumenten zusammengefügt hat sie der Dresdner Filmemacher Ernst Hirsch, der neben seiner Arbeit als Kameramann über Jahre historische Bild- und Filmzeugnisse gesammelt hat. Es sind bizarrerweise Lernfilme für Straßenbahnfahrer, die er hauptsächlich verwendete. Sie wurden aus der Perspektive eines Schaffners gedreht, der vorn im Fahrerhäuschen sitzt und in Dresden brav seine Strecke abfährt. Sie zeigen die Straßen und Häuser, die Trottoirs, Läden und Fenster. Sie dokumentieren Schilder, Haltestellen und Ampeln, Schienenkurven und Kreuzungen. Unzählige Menschen sind zu sehen, sie bewegen sich schnell und hastig, lachen lustig, tragen altmodische Kleider, immer noch Hüte, Taschen, zerren Kinder an der Hand hinter sich her, stehen an der Straßenecke und rauchen. Es ist das pralle Leben, lebhaft, echt, geschäftig – wie Menschen eben sind, wenn sie sich durch die Stadt bewegen.

Man sieht diese Filme mit Tränen in den Augen, und es hat ausnahmsweise nichts mit Nostalgie zu tun, denn von dem, was man hier sieht, ist nur noch sehr wenig übriggeblieben. Da sieht man die alte Prager Straße, eine elegante Geschäftsstraße mit dichten Häuserreihen, wunderbaren Fassaden, geschwungenen Balkons und hohen Dächern. Da sieht man die Barockhäuser in der Meißner Straße, die erst nach dem Krieg vollständig gesprengt wurden. Da sieht man nicht zuletzt die dichte Reihe prächtiger Villen, die rund um den Großen Garten standen, dem großen Barockpark. Wer sich diese Wohnlage leisten konnte, hatte auch Geld und Sinn für großbürgerliche Architektur. Das hatte was von London oder New York, von Hyde Park oder Central Park.

All das wurde in einer einzigen Nacht zerstört, nur wenige Monate vor Kriegsende, in der Nacht vom 13. auf 14. Februar 1945. Der erste Angriff kam am Abend, zehn Uhr. Er traf die Stadt vollkommen überraschend. Dresden wird nicht angegriffen, dachten die Leute, Dresden ist Flüchtlingslager, Lazarett und Notstation. In Dresden herrschte Frieden, da brannten die Straßenlaternen, da wurde mitten im Krieg getanzt.

Die einen zogen mißmutig in den Keller, andere in den nächsten Luftschutzbunker. Ganz wenige sprangen in ein Auto und versuchten so schnell wie möglich, dem Stadtkern zu entkommen. Auf die Einladung hin, mitzufahren, winkten die meisten unwillig ab. Sicher nur ein Probealarm, nicht der Rede wert. In einer halben Stunde sitzen wir wieder friedlich am Küchentisch.

Erst kamen nur grüne Markierungsbomben und weiße Lichtkaskaden vom Himmel, die sogenannten Christbäume, dann die Bomber. 243 Flieger legten fünfzehn Minuten lang ihre schwere Ladung ab. Wie ein Teppich aus tödlichen Geschossen sank sie flächendeckend auf die gesamte Altstadt. Dächer stürzten ein, Mauern brachen, alles brannte. Wer mit Kind im Arm, Gepäck auf dem Rücken oder Koffer in den Händen versuchte, nach dem Angriff aus den Kellern zu fliehen, wurde vom Feuersturm ergriffen. Wie eine Windhose saugte er alles ein, was sich in seiner Nähe befand, riß Menschen, Tiere, Bänke, ganze Steinbrocken in die alles verzehrende Glut. Verzweifelt hielten sich einzelne an den Laternen, den Häuserecken, an helfend ausgestreckten Händen fest. Vergeblich.

Der zweite Angriff begann gegen halb zwei Uhr früh, diesmal ohne Vorwarnung, die Sirenen funktionierten nicht mehr. Wie aus dem Nichts kamen die Flugzeuge, plötzlich waren sie da, nur das Brummen der Motoren war zu hören. Die Zahl der Flieger hatte sich verdoppelt. Sie trafen die Fliehenden auf den Straßen und Elbauen, die Verletzten, Alten und Kinder, die sich aus den Kellern unter den eingestürzten Häusern gerettet und im Großen Garten gesammelt hatten. Wieder fielen Brandbomben, Sprengbomben, Minen – insgesamt gut zweieinhalbtausend Tonnen in einer Nacht.

Am Morgen des 14. Februars 1945 war das Zentrum von Dresden dem Erdboden gleichgemacht. Aus der Steinwüste ragten kaputte Gebäudeteile, einzelne Mauern, verkohlte Baumstrünke. Und das glänzende Turmkreuz der Frauenkirche. Trotzig hielt der hohe, schlanke Kuppelbau der Zerstörungswut stand. Einen Tag später brach auch er zusammen. Als hätte die Kirche den Anblick der vielen Toten, der vollkommen zerstörten Stadt nicht ertragen.

Der dritte Angriff kurz nach Mittag richtet sich gegen angrenzende Viertel und Bahnanlagen. Dreizehn Minuten lang regneten wieder Bomben auf die Stadt: 770 Tonnen. Auch der vierte Angriff am 15. Februar, erneut um die Mittagszeit, dauert nur zehn Minuten. Die dreieinhalbtausend Sprengbomben richteten vergleichsweise geringe Schäden an.

Dresden hat das Bombardement nie ganz verwunden. Mehr als 35 000 Menschen kamen ums Leben, die genaue Zahl konnte nicht festgestellt werden. Den Überlebenden steckt das Entsetzen heute noch in den Knochen. Zerstört wurde nicht nur eine wunderschöne Stadt, zerstört wurden auch die Herzen. Viele Dresdner können heute noch kein Feuerwerk über der Stadt ertragen. Sie quälen sich immer wieder mit denselben Fragen: Warum gerade unsere Stadt? Warum Kirchen und Häuser, die über Jahrhunderte entstanden sind? Wird man das alles jemals wieder aufbauen können? Nichts wird wieder sein wie früher. Eine Wunde kann man nähen, eine Krankheit heilen, doch seelische Schäden sind nicht so leicht zu beheben. Sie halten Jahre, Jahrzehnte, womöglich bleiben sie immer.

Die Bombennacht ist wie ein schreckliches Schicksal, das alle Dresdner teilen, auch wenn sie es nicht fortwährend erwähnen. Es gibt kaum einen nennenswerten Bau, der damals keine Schäden davongetragen hat. Selbst wer wortlos durch die Stadt läuft, mit keinem Menschen spricht, nur Baudenkmäler und Museen besichtigt, wird es irgendwann spüren.

Die Frauenkirche wurde nach dem Krieg nicht wieder aufgebaut. Sie blieb Mahnmal und Erinnerung an die schlimmsten Stunden von Dresden. Fünf Jahrzehnte lang bestimmte das schwarze, hochaufragende Ruinenstück mit seiner leeren Fensterhöhle und der Schutthalde, die es umgab, den Neumarkt. Auf einem alten Photo sieht man friedlich Schafe davor weiden. Mitten in der Stadt waren Unkraut und Gras gewachsen. Später stellte man wieder das Lutherdenkmal davor auf. Wie groß es damals aussah. Im Vergleich zu der wieder errichteten Kirche wirkt es jetzt winzig klein.

Wenn die Bombennacht sich jährte, versammelten sich die Dresdner zu einem Gedenkgottesdienst in der Kreuzkirche am Altmarkt. In den achtziger Jahren gewann die Ruine der Frauenkirche neu an Bedeutung. Das friedliche Gedenken in der Kreuzkirche hatte sich allmählich zu Unmutsbezeugung und Kritik am System gewandelt. Am 13. Februar 1982 gingen die Dresdner nach dem Gottesdienst nicht nach Hause, sondern wanderten mit Kerzen in den Händen gemeinsam zum Neumarkt. An der Ruine der Frauenkirche tropften sie ein wenig Wachs auf die Steine und steckten ihre Kerzen fest.

Das wiederholte sich. Jahr für Jahr gingen die Menschen schweigend zur Ruine, immer mehr beteiligten sich an dem Marsch, die Halde aus Schutt und Steinen verwandelte sich regelmäßig in ein flackerndes Lichtermeer. Angesichts der Kerzen schöpften die Dresdner, aufgewühlt von den Erinnerungen an die Bombennacht und gereizt wegen der Drangsalierungen des SED-Staates, neue Hoffnung. Die Lichterprozession zur Frauenkirche gab ihnen Trost und Frieden.

Der Schweigemarsch weitete sich zunehmend zur politischen Aktion aus. Er wurde zum Vorläufer der Leipziger Montagsdemonstrationen, zum Ausdruck von Protest, Kritik, Solidarität mit den Ausreisenden.

Ende 1988 beschließen dreißigtausend Dresdner, die DDR für immer zu verlassen. Damit kommt ein Viertel sämtlicher Ausreiseanträge aus dem Bezirk Dresden. 1989 verlassen achtzehntausend Menschen die Stadt. Im selben Sommer öffnen die Ungarn die Grenzen, im Gegenzug riegelt die DDR ihre Ostgrenzen ab. Tausende von DDR-Bürgern stürmen die Deutschen Botschaften in Prag und Budapest und beantragen die Ausreise. Nach mühsamen Verhandlungen gestattet Honecker Anfang Oktober, daß sie ihr Land in versiegelten Zügen verlassen dürfen.

Das ist Dresdens Stunde. An die zweitausend Menschen stürmen am 3. Oktober zum Hauptbahnhof und besetzen die leeren Züge, die auf dem Weg nach Prag sind, um die Botschaftsflüchtlinge abzuholen. Andere wollen abwarten, bis die Züge zurückkommen, und dann aufspringen.

Es sind Herbstferien. Viele waren schon auf dem Weg nach Tschechien, doch an der Grenze wurden sie angehalten. Die Leute fühlen sich eingesperrt. Die Situation am Bahnhof eskaliert. Die Demonstranten singen laut die Internationale und beschimpfen die hinzugeeilten Sicherheitskräfte: »Wir wollen raus.« Später macht sich ein Großteil auf den Weg und läuft die Gleise entlang Richtung Osten zur Grenzstation. Die Polizei, die Stasi, später auch das Militär versuchen sie davon abzuhalten.

Immer wieder wird in den nächsten Tagen versucht, den Bahnhof gewaltsam zu räumen. Tränengas, Wasserwerfer kommen zum Einsatz. Die Zahl der Demonstranten wächst auf zwanzigtausend. Einige reagieren aggressiv. Sie schlagen Schaufenster ein, zerstören Uhren, Fahrkartenautomaten, Lichtkästen. Die Prager Straße, die den Bahnhof mit dem Altmarkt und dem Rest der Innenstadt verbindet, nach dem Krieg durch eine breite Fußgängerzone mit modernen Bauten ersetzt, wird zum Schauplatz wüster Schlägereien. Schließlich geben die Vorgesetzten Waffen an die Soldaten aus, verteilen scharfe Munition.

Am 6. Oktober versammeln sich unzählige Dresdner zu einem Friedensgebet in der Kreuzkirche. Generalintendant Christof Ziemer ruft ausdrücklich zur Gewaltlosigkeit auf. Anschließend bildet sich ein Zug; gut fünftausend Menschen wandern zum Hauptbahnhof. Sie rufen »Wir bleiben hier« und »Freiheit«. Auch sie werden wüst zurückgetrieben, viele von ihnen festgenommen.

Seit Tagen hat es Massenfestnahmen gegeben, 615 Personen wurden in das berüchtigte »Gelbe Elend«, das Bautzener Gefängnis gebracht, 181 Gewaltanwendungen registriert. Es hagelte Schläge, Fußtritte, Mißhandlungen. Stundenlang müssen die Gefangenen mit gespreizten Beinen an die Wand gelehnt dastehen.

Doch die Stimmung ändert sich mit dem Zug von der Kreuzkirche drastisch. Aus den zornigen Kämpfern werden Demonstranten, die für Gewaltlosigkeit und Reformen eintreten. Auch die Sicherheitskräfte ziehen sich allmählich zurück. Die friedliche Revolution in der DDR hat begonnen.

All das muß man wissen, wenn man sich heute fragt, warum die Frauenkirche in Dresden so eine große Rolle spielt. Kein

Bauwerk hat so starken symbolischen und identitätsstiftenden Charakter für die Stadt. Sie steht für die wesentlichen politischen Ereignisse des letzten Jahrhunderts. Im Zuge des Wiederaufbaus ist es zu starken Differenzen über die Wertung der Dresdner Bombennacht gekommen, doch darum geht es im Grunde gar nicht. Zahlreiche Städte, auch deutsche, sind im Krieg angegriffen, mehrfach beschossen oder gar dem Erdboden gleichgemacht worden. Die Nacht vom 13. zum 14. Februar mit ihren Zerstörungen ist schlichtweg ein Teil der Geschichte Dresdens. Und der Wiederaufbau der Frauenkirche ist der Beweis dafür, daß diese Zerstörungen und ihre seelischen Folgen letztlich doch überwindbar sind.

Das Geld für den Wiederaufbau haben viele Hände zusammengetragen. Der Ruf danach kam aus den Kreisen der Dresdner Bürgerschaft. Er ging auf die Initiative bedeutender Denkmalschützer, Geistlicher und glühender Verehrer dieser Stadt zurück. Zwei Drittel der Summe stammen aus privaten Spenden, nur ein Drittel aus öffentlichen Geldern. Neben dem Engagement der Bürgerinitiative brachte die Wende zusätzlich die Möglichkeit, auch auf internationaler Ebene Teilnahme zu wecken.

Besonders in England, aus dem ein Großteil der Flieger stammt, die damals die Bomben abwarfen, regte sich intensives Interesse. Sehr viel Geld kam von den Britischen Inseln. Noch im Herbst 2004 richtete die Queen ein Galakonzert in der Berliner Philharmonie aus, dessen Erlös sie komplett dem Wiederaufbau der Kirche spendete. Mehrere hunderttausend Pfund sammelte der »Dresden Trust«, eine Gemeinschaft freundlicher, traditionsbewußter Briten. Sie stifteten sogar das Turmkreuz. Die Engländer sehen ihr Engagement als Akt der Versöhnung. Der Silberschmied Alan Smith, der mit an dem Kreuz arbeitete, ist selbst Sohn eines Bomberpiloten.

Als Deutsche ist man gegenüber dem Dresden Trust unwillkürlich in der Situation, sich mit Engländern zu unterhalten, die sich für ihre Taten im Zweiten Weltkrieg schämen und sie wiedergutmachen möchten. Diese Rollenverteilung ist sehr ungewöhnlich. Ich war Stipendiatin des Trusts und durfte drei Monate lang an einem exquisiten Studienprogramm in Oxford teilnehmen. Gemeinsam mit Kollegen aus aller Herren Länder diskutierten wir im Rahmen des Reuters Foundation-Programms Fragen zum internationalen Zeitgeschehen und der allgemeinen politischen und wirtschaftlichen Lage. Bei meiner Abschlußpräsentation saß ich den Vertretern des Dresden Trust gegenüber; meine Stimmung schwankte zwischen Rührung, Pein und freudiger Dankbarkeit. Zum Glück haben die Engländer für derlei Situationen ihren wunderbar trockenen Humor. Ich konnte mich fangen, und der Abend klang in gelöster Heiterkeit aus.

Selten haben viele Menschen einen Bau derart aufmerksam und streng verfolgt wie den Wiederaufbau der Frauenkirche. Jeder kleinste Schritt wurde diskutiert und in aller Öffentlichkeit ausgetragen. Das waren neue Hoch-Zeiten für die Dresdner Hobbyhistoriker und Stadtgeschichtefanatiker. Zwischenzeitlich beschlich mich das Gefühl, es müsse eine neue Kopfbekleidung eingeführt werden, eine Art Hut in Form der Frauenkirchenkuppel, den nur der tragen durfte, der wirklich Bescheid wußte.

Ich erinnere mich noch gut an die ersten Arbeiten, die darin bestanden, den Schutthaufen zu räumen und systematisch alle Steine zu sortieren und zuzuordnen. Der Neumarkt stand damals voll fest verschließbarer Eisenregale, in denen jedes Detail gesammelt und katalogisiert wurde. In der Tat ist es gelungen, alle Fundstücke wieder einzubauen. Sie heben sich in den Außenwänden farblich von den hellen, neuen sogenannten Werksteinen ab und geben der Kirche ein leicht geflecktes Äußeres. Das erinnert an das Fell eines Leoparden.

Die Wiedereinweihung war am 30. Oktober 2005 statt. Alle Welt schaute an diesem Tag auf Dresden. Bis zuletzt befanden sich Handwerker und Bauleute in fieberhaften Vorbereitungen. Werden sie es schaffen? Die gesamte Innenausmalung lag in den Händen nur einiger weniger Maler und Restauratoren. Noch wenige Tage vor der Weihe wurde noch der Platz fertiggestellt, die leichte Anhöhe, auf der die Kirche steht. Stein für Stein klopften die Bauleute das Pflaster fest, hielten sich auch hier getreu an historische Vorgaben.

Die Anzahl der Gäste beim feierlichen Festgottesdienst zur Wiedereinweihung war naturgemäß begrenzt. Wochenlang stand die Frage im Mittelpunkt, wann die Kirche endlich für alle geöffnet würde. Schon ab Anfang des Jahres konnte man die Kuppel besteigen. Viele nahmen den mühsamen Aufstieg nur in Angriff, weil sie durch einige Fenster dabei einen Blick ins Innere erhaschen konnten.

Jetzt steht die Kirche wieder allen zur Verfügung. Von außen wie von innen erstrahlt der Bau in altem neuen Glanz. Was für ein Gefühl, wenn jetzt in der Nacht vom 13. Februar alle Dresdner Glocken läuten, wenn alle Dresdner ins Zentrum strömen oder wenigstens die Fenster und Balkontüren öffnen, um dem Läuten zuzuhören, kurz innezuhalten, zu gedenken. Jetzt muß kein Mensch mehr mit der Kerze in der Hand zu einer Ruine pilgern. Endlich gibt es wieder einen Raum für diesen Moment, eine Kirche. Ein Zeichen dafür, daß Trauer wirklich überwunden werden kann, daß es Versöhnung gibt.

Sprache oder Tonart, Dialekt oder Gesang? Versuchen Sie erst gar nicht, Sächsisch zu lernen ...

Sächsisch ist für den Fremden vollkommen unverständlich. Es hat überhaupt keinen Sinn, bei einem kurzen Besuch in Dresden zu versuchen, diese Sprache zu lernen. Die Bezeichnung Dialekt ist hier absolut irreführend; passender wäre Gesang oder Tonart. Manche nennen es auch einfach Maulfaulheit. Merken sollte man sich nur eins: Der Sachse sagt nicht »Ja« oder »Nein«, sondern »Nu« oder »No«, bisweilen ergänzt durch das Wörtchen »kloa«, was soviel wie »klar« bedeutet. Das klingt dann in etwa wie »nukloa«, hat aber nichts mit Atomenergie zu tun.

»Nu« heißt im Grunde nichts anderes als »Ja«, da es dem »Nein« aber rein phonetisch gesehen so ähnlich ist, sollte man nicht nur horchen, ob der Sachse eine Frage verneint oder bejaht, sondern auch auf die Kopfbewegung achten. Denn zum Glück sind wir nicht in Bulgarien. Ein Nicken bedeutet auch hierzulande immer noch »Ja«.

Will der Sachse die Bejahung bekräftigen, nach dem Motto: »Ja, so etwas Unverschämtes hat der tatsächlich gesagt« oder: »Ja, das ist das Letzte, aber so soll es gemacht werden«, dann heißt es nicht »nu«, sondern »nuah«, zornig geradezu, mißbilligend. Klingt wie ein unwilliges Brummen, wie ein Urlaut und kommt aus tiefster Seele.

Wichtig für das Verständnis ist zu wissen, daß das sächsische »nu« sehr unterschiedlich intoniert wird. Manche sprechen es sehr hoch und sehr kurz aus. Das wird dann leicht überhört. Bei anderen Sachsen klingt es so, als fingen sie gleich an zu weinen. Aber das ist nicht der Fall, im Gegenteil: Wenn der Sachse etwas bejahen kann, ist das auch für ihn ein Grund zur Freude. Es sollte also eher wie ein Jauchzen klingen.

Hin und wieder ähnelt es einem kurzen Stöhnen, was aber ja durchaus auch befriedigende Gründe haben kann. Bei wieder anderen klingt es wie ein leises Glucksen, als ob sie dem »nu« in Gedanken den Buchstaben »b« oder »g« anhängen. Dadurch wirkt es guttural oder wie das Tröpfeln leisen Regens.

Das zornige »nuah« wird etwas tiefer angestimmt, doch es endet auch mit einem hohen Laut. Die Stimme scheint in ein Tal und dann wieder bergauf zu wandern, als wolle sie das Nicken lautmalerisch begleiten.

In der Kombination mit »kloa« hat »nu« den Vorteil, ein wenig länger zu klingen und gleich zwei Töne mit sich zu bringen. Diese sind immer unterschiedlich hoch, meist beginnt man mit einem hellen »nu«, saust dann kurz in die Tiefe und endet wieder mit einem hellen Ton. Es ähnelt dem »nu, nu«, der sogenannten doppelten Bejahung. Auch die tritt nie ein-tönig in Erscheinung. Das zweite »nu« sitzt einen Ton tiefer.

»Nu kloa« kann auch ein Erkennungsruf sein. Viele nicht gebürtige Sachsen nutzen ihn, um dem Gegenüber zu verdeutlichen, daß sie mit ihm und seinem Land sympathisieren und gerne selbst sächsisch sprechen möchten. Meist antwortet der andere in reinstem Sächsisch, was der Gern-Sachse mit Begeisterungsrufen begleitet.

Ich gehe darauf nur deshalb so ausführlich ein, weil der

Fremde hin und wieder gezwungen ist, nach dem Weg zu fragen, und es wäre der Sache keineswegs gedient, wenn er in Sachsen immer in die falsche Richtung braust, nur weil er das berühmte »nu« nicht verstanden hat. Außerdem nützt es in diesem Fall wenig, die Frage in überdeutlichem oder gar ungeduldigem Hochdeutsch zu wiederholen. Der Sachse ist ein grundsätzlich freundlicher Mensch, er ist durchaus bereit, einem Fremden zuliebe sein Sächsisch ein wenig abzumildern oder einzelne Begriffe sogar zu übersetzen. Aber niemals, nie im Leben würde er von seinem »nu« Abstand nehmen. Er käme gar nicht darauf. Eher wiederholt er es, von heftigem Nicken begleitet, mehrfach hintereinander, was dann gleich wie ein halbes Lied klingt.

Eigentlich müßte mir die sächsische Sprache von frühesten Kindheitstagen an vertraut sein, denn ich habe sie geradezu mit der Muttermilch eingesogen. Kaum einer spricht so ausgezeichnet Sächsisch wie meine Mutter. Das kann nur daran liegen, daß sie in Sachsen geboren und sehr musikalisch ist, denn sie hat dort nie gelebt und ist auch keine Sächsin. Uns Kindern gegenüber hat sie immer behauptet, das mit dem Sächsischen sei ganz einfach. Man müsse nur »den Oberkörper schlaff machen, die Unterlippe runterhängen, dann schlabberts ganz von selber naus«. Wie starrten sie fassungslos an. Das, was da »nausgeschlabbert« kam, klang nicht wie eine Sprache, sondern eher wie ein Kuriosum.

Sprechen kann ich es trotzdem nicht, und das ist schade, denn Sächsisch ist wirklich eine feine Sprache. Schließlich soll sich Luther bei seiner Bibelübersetzung, wie es überall heißt, nicht an Hochdeutsch, sondern an Meißner Kanzleideutsch orientiert haben. Er muß sie also ins reinste Sächsisch übertragen haben. Woher weiß man allerdings, wie Luther gesprochen hat?

Das Sächsische unterscheidet sich nicht nur deutlich von anderen deutschen Dialekten, es gibt auch große Unterschiede innerhalb Sachsens. Der Leipziger spricht ein gänzlich anderes Sächsisch als der Dresdner, wieder anders spricht der Chemnitzer.

Der Laie merkt es weniger am Vokabular als am Klang, an dem wunderlichen Singsang, der das Sächsische begleitet. Spezialisten bedauern jedoch, daß die feinen Unterschiede, die es früher, also bis Anfang des 20. Jahrhunderts, sogar zwischen einzelnen Dörfern gab, verlorengegangen sind. Es gab also noch viel mehr »sächsische Dialekte«. Die Sachsen sind zu sehr durcheinandergelaufen. Die einen hat es in die Stadt gezogen, die anderen aufs Land oder womöglich in eine andere Stadt als die, in der sie geboren wurden.

Dafür ist Sächsisch, besonders seit der Wende, wieder eine elegantere Sprache geworden. Wenn man sie früher bei der Arbeit auf dem Feld oder in der Fabrik benutzt hat, wo man Wörter und Sätze verkürzt und möglichst nicht gewählt, sondern betont derb gesprochen hat, muß sich die Sekretärin in der Anwaltskanzlei heute bemühen, ursächsische Worte recht hochdeutsch auszusprechen, besonders wenn eine Anfrage aus dem Westen kommt. Das kam ja früher nicht vor. Vom Meißner Kanzleideutsch kann das nicht mehr weit entfernt sein.

Nach der Wende haben sich viele für ihr Sächsisch geschämt, weil es nach Ostdeutschland klang, nach Neufünftland. In Leipzig wurden Kurse für Hochdeutsch angeboten. Die Teilnehmer hatten die Hoffnung, mit dialektfreiem Deutsch auf dem Stellenmarkt bessere Chancen zu bekommen. Das halte ich für Unsinn. Ich würde unter Umständen gerade deswegen jemanden einstellen, weil er oder sie so wunderbar sächselt.

In meinen Augen sind diese Kurse vielmehr ein Zeichen dafür, wie differenziert und aus sprachwissenschaftlicher Sicht kostbar Sächsisch ist. Wenn es einen ganzen Lehrer braucht, um einen Dialekt wieder abzulegen, wie schwer muß es dann erst sein, ihn zu erlernen!

Trotzdem muß ich in diesem Zusammenhang aus dem

wunderbaren Buch von Ludwig Renn »Adel im Untergang« zitieren, in dem gleich auf den ersten Seiten am familiären Mittagstisch ein emphatischer Streit über die Frage ausbricht, ob es möglich sei, hochgeistige Themen auf sächsisch auszudrücken: »Mein Vater, der den zierlichen Mann nicht leiden konnte, wandte sich jäh zu ihm. ›Und Sie meinen, daß da ein Zusammenhang zwischen Mangel an edlen Gedanken und der sächsischen Sprache bestünde?‹ Herr Taube hob begeistert seine beiden dünnen Hände. ›Ja, Herr von Vieth! Großartig haben Sie das ausgedrückt!‹ – ›Und Sie meinen, daß auch ich sächsisch spräche?‹ fragte mein Vater mit hochgezogenen Augenbrauen. ›Ja, ohne Zweifel.‹ Ich fürchtete schon, mein Vater würde wieder einmal so brüllen, daß einem angst und bange würde.«

Wer sich davon überzeugen möchte, wie fremdsprachlich Sächsisch ist, der lese die »Säk'schen Balladen« oder »Säk'sche Glassigger« von Lene Voigt, »unserer lieben Lene«, wie sie von ihren Landsleuten liebevoll genannt wird. Sie stammen aus dem letzten Jahrhundert. Lene Voigt publizierte ihre ersten Balladen in den Zwanzigern in einer Zeitschrift mit dem köstlichen Namen »Der gemütliche Sachse«. Bezeichnend ist, daß man allerorts hervorhebt, Lene Voigt habe diese unglaubliche Sprache, damals noch Mundart genannt, nicht nur in Wort, sondern auch perfekt in Schrift beherrscht! Es ist eben gar nicht einfach, sie zu Papier zu bringen.

Ludwig Renn beschreibt das mit dem kurzen Hinweis, er habe seine Mitschüler nicht verstehen können, weil sie »bakken« nicht von »packen« unterscheiden konnten. Doch es reicht bestimmt nicht, alle harten »p« durch weiche »b« zu ersetzen oder alle »k« mit »g« oder gar »gg«. Lene Voigt überzeugt durch konsequente Umschrift. Da genügt schon ein kurzer Ausschnitt aus »De Bärchschaft«:

»Es war mal ä gans gemeener Dyrann,
Där schnauzte bloß egal de Untertan' an.
Die mußten sich schinden bei schbärlichen Habben
Un dorften drzu rächt viel Schteiern berabben.«

Lene Voigt verstand sich nicht als Sprachkundlerin, ihr ging es vor allem um den Witz im Sächsischen. Den Nazis war die gebürtige Leipzigerin gleich wieder zu witzig. Im Dritten Reich wurde sie verfolgt, und 1936 verbat der Reichsstatthalter ihre sämtlichen Mundartbücher. Nach vorübergehendem Münchner Exil kehrte sie nach Leipzig zurück, wo sie wieder in die Fänge der Gestapo geriet. Doch sie konnten ihr nichts anhaben. Im Juli 1962 verstarb Lene Voigt in ihrer Heimatstadt im Alter von 71 Jahren.

Außergewöhnlich sind nicht nur die sächsische Aussprache, sondern auch einzelne Vokabeln. Ich selbst stolperte in meinen ersten Dresdner Jahren über Wörter wie »keimig«, das nichts mit Sojakeimen zu tun hat, sondern »schmutzig« bedeutet, oder über »mähren«, was soviel wie trödeln, datteln heißt. »Rammeln«, wie sich zu meinem Erstaunen herausstellte, hat nichts mit dem zu tun, was Hasen machen, wenn sie guter Dinge sind, sondern es bedeutet etwas zwischen gehen und laufen. Meist spricht der Sachse von »da riber rammeln«, was soviel heißt wie »Ich gehe mal schnell hinüber zum Nachbarn und bin gleich wieder zurück.«

Das nette an der sächsischen Sprache ist, daß sie immer sanft und freundlich klingt. Einem Menschen, der statt »Können Sie vielleicht den Kofferraum aufschließen?« so etwas ähnliches wie Gänsefleisch sagt und bei einer Bestellung von Coca-Cola Erinnerungen an Angola weckt, kann man eigentlich nicht böse sein.

Nützlich sind noch ein paar mehr Begriffe: »didschn« heißt eintunken, »dikschn« hingegen schmollen, insbesondere bei Kindern. Der »Hader« ist ein Bodentuch und »Hiddsche« eine kleine Fußbank. »Blembe« nennt man ein Getränk, das nicht mehr schmeckt, zum Beispiel lauwarmen Kaffee, »Bimmel« steht für Straßenbahn, und der »Schebbdäggl« ist die Schirmmütze.

Mit dem kleinen Wörtchen »vigilant« (ausgesprochen: fischelant) hat es seine ganz eigene Bewandtnis. Bevor ich nach Sachsen kam, hatte ich noch nie davon gehört. Es ist nicht nur ein sächsischer Begriff, sondern auch eine ursächsische Eigenschaft. Es heißt soviel wie pfiffig, geschickt, aber auch raffiniert. Es hat nicht sehr viel mit Ehrlichkeit zu tun, aber dafür sehr viel mit Durchsetzungsvermögen und Humor.

Der Sachse hat ein ausgeprägtes Verliererbewußtsein. Seit Napoleon Bonaparte hat er immer auf der falschen Seite gestanden – der der Verlierer. Aus diesem Bewußtsein hat er eine besondere Form der Anpassung entwickelt. Er ist freundlich und weltoffen, einerseits leidensfähig, andererseits Pragmatiker. Auch das spiegelt sich in der Eigenschaft »vigilant« wider.

Böse Zungen sagen, daß der Sachse zum Radikalopportunismus neige. Er passe sich neuen Situationen schnell an und setze neue Erlasse besonders radikal um. Darüber mag man denken, wie man will. Vor allem hat der Sachse gelernt, über sich selbst zu lachen. Dadurch steht er am Schluß immer als Gewinner da.

Besichtigen Sie den schönsten Milchladen der Welt – oder essen Sie wenigstens ein Stück Käse im Gedenken an Paul Pfund

»Es war einmal ein Mann, der liebte Milch. Er trank Milch, badete in Milch, aß gerne Lebensmittel aus Milch wie Butter, Käse oder Quark, träumte Tag und Nacht von Milch. Er liebte die Milch so sehr, daß er alle Welt damit beglücken wollte. Also kaufte er unendlich viele Liter Milch, brachte sie in die Stadt und verteilte sie glücklich lächelnd unter zahlreichen Menschen. Um der Milch für ihre Schönheit zu danken, baute er ihr einen Tempel aus weißem Gold. Dort stand er fortan und verteilte Milch an alle, die zu ihm kamen. Zeit seines Lebens blieb er seiner Leidenschaft für Milch treu. Als er alt geworden war und spürte, daß sein letztes Stündlein gekommen war, bat er noch um ein einziges Glas Milch, trank es freudig aus, legte sich dann in sein Bett und schlief friedlich ein.«

So müßte man eigentlich die Geschichte von Paul Pfund erzählen, aber so märchenhaft sein Aufstieg auch wirkt, mit Poesie hatte er am allerwenigsten zu tun. In Wirklichkeit verlief seine Entwicklung zum erfolgreichsten Milchproduzenten

Dresdens ganz stringent. Paul Gustav Leander Pfund, 1849 in Dresden als Sohn eines Spirituosenhändlers geboren, hatte es in der Tat mit der Milch und setzte ihr mit einem Milchladen aus feinster Keramik an der Bautzener Straße ein unverwechselbares Denkmal, doch er war im Grunde nichts anderes als ein geschickter Kaufmann. Er hatte beobachtet, daß der Bedarf an Milch in Dresden dramatisch zunahm. Das lag nicht nur daran, daß ihre Bevölkerung rasch wuchs, sondern auch daran, daß die Stadt immer größer und weitläufiger wurde. Der Transport dauerte damit länger, und die Milch wurde sauer, bevor sie den Kunden erreicht hatte.

Also, dachte sich Paul, gar nicht dumm, Milch kommt bekanntlich aus der Kuh, und wenn der Mensch nicht an die Milch kommt, muß die Kuh eben zum Menschen. Er kaufte 1879 ein Grundstück mit Laden auf der Görlitzer Straße, verließ mit Frau Mathilde nebst sechs Kühen und ebenso vielen Schweinen seinen Hof in Reinholdshain und zog in die Äußere Neustadt. Während hinten im Stall gemolken wurde, verkaufte er vorn im Laden frische Milch.

Und siehe da, das Geschäft brummte. Die Leute kamen, und sie brachten auch ihre Kinder mit, denn die sollten sich anschauen, woher die Stadtmilch kommt. Pfund war so schlau, im Laden ein Fenster zum Stall einzurichten, da konnte jeder beim Melken zuschauen. Schaumelken veranstalteten seine Frau und er, modernen Naturkundeunterricht. Und die Kinder drückten sich die Nasen platt. Das war eine Gaudi.

Pfund kam mit dem Melken gar nicht mehr hinterher. Literweise Milch bestellten die Leute, vielen lieferte er sie frei Haus. Die Nachfrage, wie es so schön heißt, überstieg das Angebot. Er mußte Milch von auswärts dazukaufen.

Außerdem wollten die Leute im Laden auch Butter und Käse, Sahne, Dickmilch oder Quark erstehen. Jetzt galt es zu expandieren.

Pfund kaufte ein Grundstück an der Bautzener Straße und

ging professionell in Produktion. Friedrich Pfund, Pauls Bruder, der eigentlich Schauspieler war, wurde Teilhaber in dem jungen Unternehmen, und am 9. September 1880 ließen die beiden es stolz unter der Bezeichnung »Dresdner Molkerei Gebrüder Pfund« ins Handelsregister eintragen.

Die Bautzener Straße ist heute eine zentrale und vielbefahrene Straße. Sie führt aus der Neustadt hinauf zum Stadtteil Weißer Hirsch. Ende des 19. Jahrhunderts lag sie an der Peripherie, und Paul Pfund sah dort Raum, sich unbegrenzt auszubreiten. Damit hatte er nicht unrecht. Innerhalb von wenigen Jahren wuchs hier auf einer Fläche von vierzehntausend Quadratmetern ein Imperium in Sachen Milch heran.

Neben der Einrichtung einer Milchtrinkhalle und der Butter- und Käsevergabestelle konzentrierte sich Pfund in erster Linie auf Transport. Wie kommt die Milch zum Menschen? Er kaufte Pferdewagen, versah sie mit dem Schriftzug seiner Molkerei und schickte die Kutscher über Land, um bei den Bauern die Ware einzusammeln. Damit die Milch nicht schlecht wurde, hatte er ein eigenes Kühlsystem entwickelt. So konnte er nicht nur den eigenen, sondern bald auch andere Läden in Dresden mit Milch, Butter und Käse beliefern. Schon 1884 eröffnete er eine zweite Milchverkaufsstelle am Postplatz. Ihr sollten noch viele folgen.

Er ließ Stallungen für die Pferde und Remisen für die Wagen bauen, stellte Kutscher, Stellmacher und Schmiede ein und ließ seine Fahrer firmeneigene Dienstmützen tragen. Nach wenigen Jahren befehligte er eine Flotte von fünfzig Pferde- und Handwagen. Dabei dachte er sogar daran, die Milch auf der Elbe nach Dresden zu schippern. Darauf war noch niemand gekommen. Milch gelangte auf Wagen in Kannen, nicht auf Schiffen in die Stadt. Aber die Wagen mußten auf Straßen fahren, die Straßen waren oft verstopft und unwegsam. Auf der Elbe aber glitten die flachen Kähne schnell und ungehindert über das Wasser. In weniger als einer Stunde war die Milch aus dem Umland im Zentrum. Zudem ist der

Fluß nur wenige Meter von der Bautzener Straße entfernt. Pfund schloß entsprechende Verträge mit den Elbschiffern ab und hatte sich so kurzerhand einen weiteren Transportweg erschlossen.

Nachdem Pfund gemerkt hatte, wie stark der Andrang auf seine Milch war, wurde er ganz narrisch. Er dachte sich neue Produkte aus, die man aus Milch herstellen und verkaufen konnte, erfand Milchmischgetränke, Milkshakes sozusagen, bot Molkenlimonade an, einen klaren Sprudel, den man heutzutage hin und wieder in der Schweiz serviert bekommt. Er entwickelte Pflegeprodukte aus Milch, Milchpuder, Milchbäder, Milch- und Buttermilchseife, Milchparfüm. Seiner Erfindungskraft waren keine Grenzen gesetzt.

Die Molkenlimonade bot er feierlich im Großen Garten zum Verkauf an. Dazu ließ er kleine Trinkstände bauen, fein geschnitzte Holzhäuser mit Kuppel und hoher Spitze auf dem Dach. Über dem Eingang prangte wie überall stolz sein Name. Rundherum standen Stühle und Tische. Da saßen sie, die eleganten Spaziergänger mit Hut und langem Kleid, in Anzug und geknöpften Stiefeln und tranken andächtig Pfunds Milch.

Wieder war er erfolgreich. Auch die Nebenprodukte fanden reißenden Absatz. Milch galt als gesund und heilsam. Mit Milch zog man den Säugling auf, Milch reichte man dem Kranken zur Stärkung. Sie war Natur und Nahrung in einem, pflegend und aufbauend zugleich. Wenn nicht schon Kleopatra in Eselsmilch gebadet hätte, könnte man annehmen, erst Paul Pfund habe den Menschen beigebracht, daß Milch nicht nur von innen schön macht. Es gelang ihm, das Naturprodukt erfolgreich mit seinem Namen in Verbindung zu bringen und in Dresden als Marke zu etablieren.

Inzwischen war das Unternehmen auf eine Belegschaft von 450 Leuten angewachsen, die Molkerei verarbeitete täglich zwanzigtausend Liter Milch. Aber ein Ende war noch lange nicht in Sicht. Während Pfund sich in den ersten Jahren die

Aufgabe gestellt hatte, den zunehmend wachsenden Bedarf an Milch zu decken, setzte er sich später mit der Kehrseite der Medaille auseinander, dem Überschuß an Milch, der sogenannten Milchschwemme. Ursache des Problems war dieselbe: Auch wenn man noch so raffinierte Kühlsysteme einsetzt – Milch ist nun einmal nicht unbegrenzt haltbar.

Doch Pfund war zum Glück nicht der einzige, der mit diesem Problem kämpfte. Im fernen Frankreich hatte sich schon 1854 der Chemiker und Mikrobiologe Louis Pasteur dem Thema gewidmet und festgestellt, daß der Verfall von Milch, sprich Gärung, durch Mikroorganismen hervorgerufen wird, die man einfach abtöten kann, wenn man die Milch erhitzt. Pfund fackelte nicht lange und kaufte sich 1885 kurzentschlossen eine brandneue Pasteurisierungsmaschine vom Tremser Eisenwerk. Und siehe da, sein Problem war gelöst. 1900 führte er die Dauerpasteurisation nach Dr. Hesse ein. Kein Tropfen Milch durfte fortan die Pfundsche Molkerei mehr verlassen, der nicht 25 bis 36 Minuten lang auf 63 Grad erhitzt worden war. Für seine Verdienste um Sachsens Wirtschaft und Volksgesundheit ernannte ihn der König daraufhin zum Sächsischen Kommerzienrat.

Pfund wäre nicht Pfund, wenn er den Erfindungen eines Louis Pasteur nicht noch eins draufsetzen würde. Haltbarer wird Milch nicht nur in pasteurisiertem, sondern auch in kondensiertem Zustand. 1886 richtete Pfund die erste Kondensmilchfabrik Deutschlands ein. Wieder folgte eine Welle des Erfolgs und der Expansion. Auf dem Gelände an der Bautzener Straße wurden eine Blechdosenfabrik, eine Druckerei für die wunderbar reichgeschmückten Etiketten und eine Kartonagenabteilung aus dem Boden gestampft. Pfunds Kondensmilch ging von Dresden aus um die ganze Welt. Er fand zahlreiche Abnehmer in Afrika, Indien, China, Japan, Mittel- und Südamerika. Eigene Handelskontore in Hamburg und London wurden gegründet. Im böhmischen Lobositz entstand ein Zweigbetrieb.

Paul Pfund war auf dem Gipfel des Erfolgs angelangt. Nun setzte, und das ist nahezu rührend, Dankbarkeit bei dem Unternehmer ein. Er ließ 1891 einen Milchladen bauen, aber nicht irgendeinen. Der Milchladen in der Bautzener Straße 79 wurde nach der Wende sorgfältig restauriert und ist 1997 als »Schönster Milchladen der Welt« in das Guinness Buch der Rekorde eingegangen. Er ist eine Hommage an die Milch, ein Tempel für die Kuh und ihre Melkerin gleich dazu. Er ist bis unter die Decke mit dickbäuchigen Putti und fröhlichen Engeln geschmückt, die Milch zu Sahne, Sahne zu Butter, Milch zu Käse machen, die dicke Holzbottiche tragen und Schöpflöffel schwenken, die Nummerngirls gleich Cremometer oder Kondensmilchdosen über der Hüfte schwenken, die in Tänzen und mit Girlanden in den hocherhobenen Armen ein nicht enden wollendes Lob auf die Milch und ihre Schönheit singen. Der Laden ist in jederlei Hinsicht einzigartig. Unvorstellbar, daß er allein dazu diente, die Menschheit mit Milch, Butter und Käse zu versorgen.

Die Kacheln, die den Laden zierten, stammen aus der ehemaligen Steingutfabrik von Villeroy & Boch, die sich damals in Dresden befand. Gewöhnlich wurden dort Ausstattungen für Gewerberäume gefertigt, in denen es besonders hygienisch und reinlich zugehen mußte, wie Frisiersalons oder Fleischereien, denn Kacheln sind nun einmal abwaschbar. Doch Pfunds Ansprüche überstiegen den rein pragmatischen Zweck um ein Vielfaches. Er ließ seine Exemplare aufwendig bemalen – wahrscheinlich halfen bei der Motivsuche Künstler der Dresdner Akademie – und die Wände, Schränke, Spiegel, die lange Theke und Säulen mit ornamentaler Keramik verzieren. Links von der Theke befand sich früher sogar ein Wandbrunnen. Die Leute behaupten heute noch, da sei Milch herausgeflossen, doch in Wahrheit sprudelte immer nur Wasser hervor.

Während die meisten Fliesen aufwendig gestalteten Girlandenschmuck und Engel zieren, sind einzelne andere mit ländlichen Szenen bemalt. Im Hintergrund des zweiten Zimmers ist sogar eine ganze holländische Landschaft abgebildet. Hier sind die Kacheln, nach Art der Delfter Fliesen, ausschließlich in weiß und blau gehalten. Dicke, glückliche Milchkühe weiden auf saftigen Wiesen. Eine von ihnen wird gerade gemolken.

Die detail- und ornamentreiche Ausstattung erinnert an Raffaels berühmte Fresko- und Stuckdekorationen in der Villa Madama und in den Papstloggien des Vatikans. Ähnlich gestalteten andere italienische Künstler wie Baldassare Peruzzi und Federico und Taddeo Zuccari Decken und Friese in der zweiten Hälfte des 16. Jahrhunderts. Im Zuge der Renaissancerezeption greift Gottfried Semper diese Art der Dekorationskunst auf und gestaltet nach ihrem Muster die Innenräume seines Dresdner Opernhauses.

Trotzdem: Was im Milchladen gezeigt wird, hat wenig mit Kunst zu tun, auch wenn es versucht wurde. Dennoch ist es nicht einfach nur Kitsch. Der Laden ist ein Kuriosum. Sind die Szenen nicht in Wahrheit ironisch gemeint? Schwer zu sagen. Paul Pfund war gewiß mächtig stolz auf seinen Laden, das ist hier deutlich zu spüren. Und es berührt.

Ob der Meister inmitten dieser Pracht oft selbst hinter der Theke gestanden hat? Nein, der Kommerzienrat residierte eher oben im Kontor und hatte für das Ladengeschäft seine Angestellten. Doch auch bei denen bedankte er sich überschwenglich für den Erfolg seines Unternehmens. Als einer der ersten führte er geregelte Arbeitszeiten von acht bis sechzehn Uhr ein. Er rief eine eigene Betriebskrankenkasse ins Leben und ließ auf dem Firmengelände einen Gesellschaftssaal mit 250 Plätzen bauen. Im Oktober 1897 fand sich hier erstmals der Männerchor Gebrüder Pfund zusammen, der bis in die fünfziger Jahre bestehenblieb. Ob das Hohe Lied auf die Milch zu seinem Repertoire gehört, konnte leider nicht festgestellt werden.

Beim 25jährigen Bestehen der Molkerei lud Pfund 1905

zum Festakt im Waldschlößchen ein. Auf Bannerweihe, Festreden, Gesangsbeiträge und Festakt, darunter ein »lebendes« Bild in zwei Aufzügen mit dem Titel »Einigkeit macht stark«, folgte das Theaterstück »Die Kraniche des Ibykus«. Selbst wer mit Milch handelt, hat bei gesellschaftlichen Höhepunkten eben durchaus Sinn für Kultur.

Der Erste Weltkrieg erschütterte die Firma stark. Die Belegschaft sank auf 108 Personen. Erst in den zwanziger Jahren konnte sich das Unternehmen wieder erholen und wuchs erneut zu einstigen Größen. Doch Paul Pfund erlebte das selbst nicht mehr. Er starb 1923 an Herzversagen. Sein Erbe trat Sohn Max an, der den Betrieb ebenso solide und engagiert leitete.

Der Zweite Weltkrieg brachte dem Unternehmen wesentlich mehr Verluste. 35 Geschäfte wurden im Bombenhagel vernichtet. Wieder zeigt sich, daß ein echter Pfund den Niedergang der Molkerei seelisch nicht ertragen konnte. Max stirbt wenige Jahre nach Ende des Krieges.

Der Betrieb kam nie wieder auf die Beine. Er mußte an die HO, die Handelsorganisation, verpachtet werden, die ihn während der letzten großen Verstaatlichungswelle 1972 ganz übernahm. Immerhin gelang es Schwiegertochter Johanne Pfund, daß der Milchladen unter Denkmalschutz gesetzt wurde. Im Zuge von Modernisierungsarbeiten hatte man geplant, die Kacheln abzuhacken und die Theke hinauszuschmeißen. Sechs Jahre später wird die Molkerei geschlossen. Die VEB Geflügelwirtschaft nistet sich auf dem Gelände ein.

Von der »guten alten Zeit« kündete nur noch Leonore Pfund, Ehefrau von Max Pfund, die ihren Mann um viele Jahre überlebte. Wenn ihr danach war, setzte sie einen eleganten Hut auf und ließ sich im offenen Landauer durch die Stadt fahren. Wer sie sah, dachte für einen Augenblick, die Zeit sei stehengeblieben.

Als ich den Laden zum erstenmal sah, war er verrammelt und verriegelt. Er war lange nicht benutzt worden, wirkte wie ein schlecht gekacheltes, unendlich schmutziges Wannenbad. Der neue Besitzer hatte uns von hinten über eine Treppe und den Flur hineingeführt. Durch die Ritzen zwischen den Brettern, mit denen die Schaufenster von außen vernagelt waren, drang feines Licht herein. Staub tanzte in den Sonnenstrahlen. Es war zu dunkel, um all die märchenhaften Putten, Girlanden und barocken Engel ausmachen zu können. Einer von uns hatte zum Glück eine Lampe dabei, so konnten wir die eine oder andere Szene beleuchten. Wir rieben mit dem Jackenärmel über die Fliesen, um den Staub abzuwischen. Unverhoffte Pracht strahlte der Raum schon damals aus.

Heute glänzt der Laden mehr denn je. Die beschädigten Fliesen wurden ersetzt, die Kronleuchter neu aufgehängt, der bunt geschmückte Tresen wieder instand gesetzt. Es gab unendlich viel zu tun. Zu Füßen der melkenden Magd kann man jetzt an Stehtischen einen kleinen Imbiß zu sich nehmen. Wenn die Theke nicht aus Keramik wäre, würde sie sich unter der reichen Auswahl an Käsesorten biegen. Wer mehr essen und vor allem dabei sitzen möchte, muß sich in den ersten Stock bemühen. Dort gibt es ein richtiges Restaurant. Über Mangel an Gästen können sich die neuen Inhaber nicht beklagen. Täglich halten ganze Reisebusse vor dem Haus.

Ein Glück, daß wenigsten der prächtige Laden aus dem Reich des Milchfürsten übriggeblieben ist. Er erzählt von einer Zeit, in der Erfindungsreichtum und eifriges Gewerbetreiben in Dresden großgeschrieben wurden. Die Geschichte der Molkerei Pfund war Mitte und Ende des 19. Jahrhunderts kein Einzelfall. Dank zahlreicher gesetzlicher Erleichterungen brachten die Gründerjahre der Stadt wirtschaftlich ungeahnten Aufschwung. Eine wesentliche Rolle spielten dabei die Norddeutsche Bundesgewerbeordnung (1869), der Wegfall der Elbzölle (1870) und das Gesetz vom 11. 6. 1870, das die Bildung von Aktiengesellschaften vereinfachte.

Mit den französischen Kriegsentschädigungen flossen zusätzlich gewaltige Geldsummen ins Land: Der Staat vergab neue Aufträge und zahlte in großem Umfang Reichs- und Staatsanleihen zurück. Viele von denen, die das Geld ursprünglich angelegt hatten, steckten es jetzt in den eigenen Betrieb oder kauften Anteile an neuen Wirtschaftsunternehmen.

Nicht nur Dresden, ganz Sachsen profitierte davon. Es entwickelte sich im 19. Jahrhundert zum modernsten und innovativsten Wirtschaftsraum Deutschlands. Wichtige Triebfeder der Industrialisierung war die Textilindustrie in Chemnitz, dem »sächsischen Manchester«. Bis heute ist die Wirtschaftsstruktur in Chemnitz durch Schwerindustrie geprägt. »Was in Chemnitz erarbeitet wird, wird in Leipzig gehandelt und in Dresden verpraßt« lautet ein altes Sprichwort.

Doch so einfach war es nun auch wieder nicht. Dresden entwickelte selbst seine Stärken. Hier dominierte, ohne Chemnitz herabsetzen zu wollen, die arbeits- und intelligenzintensive Fein- und Fertigungsindustrie. Vor dem Krieg galt Dresden als deutsches Fabrikationszentrum für Schokolade und Zuckerwaren, Zigaretten, Strohhüte, Photopapier sowie Orienttabake, und es hatte den weltgrößten Markt für Strohgeflechte.

Zugleich war die Stadt ein wichtiger Produktionsstandort für Kameras, Schreib-, Rechen-, Nähmaschinen, medizinische und pharmazeutische Präparate (man denke nur an Lingners Mundwasser »Odol«), Kartonagen und Blechwaren. Weitere Branchen, die überproportionale und überregionale Bedeutung hatten, waren die Herstellung von Blattgold, Musikinstrumenten (auch Klaviere und Orgeln), Bekleidung, Tapeten, Lederwaren, Schreibbedarf und die Pflanzenzucht. Die größte deutsche Werft für Binnenschiffe war in Dresden-Übigau beheimatet, hier wurde das erste deutsche Dampfschiff gebaut. Daneben war Dresden Hauptort der sächsischen Bierbrauerei und Spiritusbrennerei.

Günstig war, daß die Zahl der Klein- und Mittelbetriebe überwog. Die konnten besonders flexibel auf geänderte Marktverhältnisse reagieren. Außerdem entwickelte sich so keine Leitbranche, und es blieb bei der starken Diversifizierung.

Die hohe Qualität der einzelnen Produkte war darin begründet, daß die einzelnen Unternehmer ein besonders großes Geschick entfalteten, Neuerungen rasch zu Produktionsreife zu führen und kontinuierlich zu verbessern. Inspiration holten sie sich in der Wissenschaft – viele standen in enger Verbindung zu den Forschungseinrichtungen und Instituten –, aber auch bei den zahlreichen Erfindern ihres Landes. Bis heute fasziniert, was für begeisterte Tüftler und Bastler die Sachsen sind. Kaum zu glauben, was sie alles erfunden haben. Von hier stammen originär das synthetische Waschmittel, der Büstenhalter, die Waschmaschine, die Zahnpasta, der Bierdeckel, die Reiseschreibmaschine, die Ansichtskarte, das Frotteehandtuch, die Spiegelreflexkamera, der Kaffeefilter, das Mineralwasser, der Teebeutel, das abendländische Porzellan und das digitale Satellitenradio. Münchner aufgepaßt: In Dresden wurde selbst der Lodenmantel erfunden, Inbegriff der bayerischen Trachtenmode.

In Sachsen wurden die erste deutsche Dampflok, die erste deutsche Ferneisenbahn, die erste Seilbahn und das erste Pumpspeicherwerk der Welt gebaut. Sächsische Ingenieure haben den ersten mechanischen Tuchwebstuhl der Welt konstruiert – einen Meilenstein der industriellen Revolution. Das erste deutsche Produkt, das auf einer Weltausstellung eine Goldmedaille zugesprochen bekam, stammt aus Chemnitz: 1862 wurde in Paris eine Maschine zur Metallbearbeitung der Firma Zimmermann prämiert. Die erste industriell produzierte Rechenmaschine der Welt wurde 1878 in Glashütte, unweit von Dresden, hergestellt.

Auch im letzten Jahrhundert wurden in Dresden viele Erfindungen gemacht. Im Sozialismus entwickelte es sich zum

Computerzentrum. An diese Fähigkeiten versuchten Wirtschaftsförderer und Staatskanzlei nach der Wende anzuknüpfen. Erfolgreich wurden die Firmen in Dresden angesiedelt, die marktführend im Bereich der Halbleiterelektronik sind. Man denke nur an Unternehmen wie Advanced Micro Devices (AMD) und die Siemenstochter Infineon, die hier inzwischen mehrere tausend Mitarbeiter beschäftigen. Kaum ein Bereich ist schließlich weltweit so bedeutend für Wirtschaft und Industrie wie die Herstellung von Mikrochips. Bemerkenswerterweise stammen viele der jungen Mitarbeiter direkt aus Dresden und Umgebung. Oder sie sind Absolventen der Technischen Universität der Stadt.

Schon kommen wieder erste Innovationen aus Dresden. Infineon hat hier Wafers von dreihundert Millimeter Durchmesser produziert. Bislang maßen die Siliconscheiben, auf denen man Speicherchips und Logikbausteine herstellt, nur zweihundert Millimeter. Damit setzt zum allerersten Mal ein europäisches Unternehmen im Bereich der Mikroelektronik neue Standards. Durch die zweieinhalbmal größere Anzahl von Chips auf der Fläche eines Dreihundert-Millimeter-Wafers ergeben sich Kostenvorteile von bis zu dreißig Prozent.

Auch die Volkswagen AG sieht in Dresden Chancen, die sonst keine Stadt bietet. Sie rühmt die lange Tradition bedeutender Handwerkskunst, die Liebe zum Detail und die Herstellung einzigartiger Meisterstücke. Im März 2002 eröffnete das Unternehmen unweit des Zentrums am Rand des Großen Gartens die sogenannte »Gläserne Automobil Manufaktur«. Der mächtige Bau ist rundum aus Glas, Tag und Nacht erleuchtet und vermittelt den Eindruck, man könne schon von außen jeden Arbeitsschritt bei der Herstellung eines Autos mitverfolgen. Auf den ersten Blick ähnelt er einem durchsichtigen Parkhaus, aber wenn man genau hinsieht, kann man beobachten, daß sich einzelne Wagen ganz allmählich durch den gesamten Fertigungsbetrieb bewegen.

Wer hierherkommt, um nur dabei zuzusehen, wie ein Auto

hergestellt wird, hat sich allerdings getäuscht. Selbstverständlich darf man den Mechanikern bei der Arbeit zuschauen, aber im Grunde geht es um etwas ganz anderes. Autos und ihre Produktion sollen in Verbindung mit Kunst und Kunstfertigkeit gebracht, ein Autokauf zum Kulturerlebnis gemacht werden. Schon die Bezeichnung Manufaktur weist auf die besondere Philosophie des Hauses. Hier herrscht kein Lärm, kein Schmutz, es riecht nicht nach Öl. Die Fertigungshallen wurden mit Parkett ausgelegt. Die Mechaniker tragen alle Weiß, und sie benutzen nicht Druckluft-, sondern gedämpfte Akku- und Elektroschrauber. Gelassen ist ihr Arbeitstempo, entspannt die Haltung, sie rennen nicht, sie tanzen eher um jeden Wagen herum. Sie scheinen ihn nicht nur zu bauen, sondern zu streicheln und zu liebkosen.

Noch wunderlicher geht es in den oberen Etagen zu. In der Gläsernen Manufaktur wird nur ein ganz bestimmter Autotyp hergestellt, der Phaeton, ein Wagen der Oberklasse. Den können sich nur wenige leisten. Entsprechend gut behandelt das Unternehmen jeden, der hier ein Auto kaufen will. Die Räume, in denen es den Kunden empfängt, sind eingerichtet wie elegante Salons. Überall stehen ähnlich elegante Damen herum. Viele von ihnen scheinen nichts weiter zu tun zu haben, als ein freundliches Gesicht zu machen und vielleicht hin und wieder ein Glas Wasser oder einen Kaffee zu bringen. Sie stehen da wie Schaufensterpuppen aus dem Modekaufhaus, das linke Bein vor dem rechten, der Unterkörper schiebt sich leicht nach vorn. Sie stehen auch da, wenn kein Kunde in Sicht ist. Die Farbe ihrer knappen Kostüme ist auf die Sofastoffe abgestimmt.

Die Kunden, nein der Kunde, denn nirgends wird Individualität so großgeschrieben wie in dieser Preisklasse, darf sein Auto praktisch selbst zusammenstellen. Er wählt die Farbe des Wagens und, dazu passend oder nicht, den Ton, in dem die Sitze bezogen werden, die Beschaffenheit ihrer Oberfläche, er wählt zwischen einem Armaturenbrett aus Teakholz oder aus

Chrom, er sinniert lange über Pedale aus Edelstahl und ein Lenkrad mit Lederbezug, er kann sich selbst einen farblich passenden Füllfederhalter, einen Zigarrenspitzenabschneider oder ein Feuerzeug bestellen. Die Auswahl ist exquisit. Dem Kunden wird zur Disposition gestellt, was immer nur geht.

Und schließlich, und das ist das wichtigste, wer sein Auto abholt, wird wenigstens einmal durch die Fabrik, nein, Manufaktur geführt, er bekommt einen individuellen Rundgang durch Dresden zusammengestellt, wohnt im besten Hotel am Platze, und abends geht es selbstredend in die Semperoper. Nach dem Autokauf zu Verdis »Aida«.

Zwischen dem Bau des Milchladens der Gebrüder Pfund und der Grundsteinlegung für das Volkswagen-Werk liegen gut 120 Jahre. Ist die Verkaufsshow, die in der Manufaktur geboten wird, mit der reichhaltigen Ausstattung des Ladens zu vergleichen? Ähnlich wie die Gäste der Manufaktur muß der fröhliche Engelreigen den normalen Milchkunden doch erschlagen haben. Dabei ging es hier wie dort um Produkte, die ungleich banaler waren als der Aufwand, der darum betrieben wird. Schließlich möchte auch VW nichts anderes verkaufen als ein Auto.

Aber wieviel dramatischer, ja lebendiger wirken die Putten und ländlichen Szenen in dem Laden gegen die unterkühlte, gelangweilte Stimmung, die in den Salons der Manufaktur herrscht, wieviel rührender das Fest zum 25jährigen Bestehen der Molkerei als das Angebot von Volkswagen, die Semperoper samt Repertoire nach den Überschwemmungen im Sommer 2002 vorübergehend zu beherbergen. Ist es reine Nostalgie, wenn man sich für die Geschichte Paul Pfunds eher erwärmen kann als für die Firmenphilosophie der Phaeton-Produktionsstätte? Romantik? Kurios sind beide Einrichtungen allemal. Und sie zeigen zweifelsohne charakteristische Wesenszüge dieser Stadt.

Benutzen Sie mal wieder Mundwasser: Ohne Odol gäbe es heute kein Deutsches Hygiene-Museum

Wer bei Hygiene nur an Waschen und Putzen denkt, hat in Dresden schon verloren. Hier gibt es ein ganzes Museum zu dem Thema, und da sind keineswegs Waschlappen und Putzeimer ausgestellt. In der Tat ist das Deutsche Hygiene-Museum rein äußerlich betrachtet sehr sauber. In strahlendem, ja blendendem Weiß empfängt der hohe, moderne Bau am Rande des Großen Gartens seine Gäste. Doch das ist wohl weniger ein Grund für den Namen.

Schon den Gründern und Erfindern des Museums fiel es schwer, mit der Bezeichnung »Hygiene« den Besuchern nahezubringen, was man hier zu sehen bekommt. Einzig ein gewisser Eigensinn kann Grund dafür sein, daß man bis heute an dem Namen festhält. Vielleicht geht es den Mitarbeitern darum, Neugier zu wecken und gerade durch Irritation zum Besuch zu verführen. Wie dem auch sei. Wer einmal im Deutschen Hygiene-Museum war, wird es nie wieder vergessen. Es ist etwas vollkommen Außergewöhnliches, weit über die Grenzen Dresdens hinaus.

Erfinder und Gründer des Hygiene-Museums war Karl

August Lingner. Sein Ziel war, die Menschen so umfassend wie möglich über Gesundheitsvorsorge aufzuklären. Er wollte ihnen fundiert und plausibel mitteilen, warum Alkoholismus ein Fluch und abgekochtes Wasser ein Segen ist, daß es Mittel gegen hohe Säuglingssterblichkeit gibt oder Sauberkeit und gesundes Essen tatsächlich gegen die rasche Verbreitung von ansteckenden Krankheiten helfen. Und er wollte das so machen, daß sie es sich merken. Er muß geradezu besessen gewesen sein von dem Gedanken, den Menschen nicht nur Erkenntnisse zu präsentieren, sondern sie dazu zu bringen, diese auch wirklich anzuwenden.

Dabei hatte Lingner ursprünglich mit Gesundheitsvorsorge gar nichts zu tun. 1861 in Magdeburg geboren, wollte er eigentlich Musik studieren. Doch er stammte aus einfachen Verhältnissen, seine Eltern konnten sich solche Flausen nicht leisten, und er mußte eine Drogistenlehre machen. Nach der Lehre arbeitete er für die Dresdner Nähmaschinenfabrik Seidel & Naumann, später gründete er selbst eine Firma und handelte mit Stiefelanziehern und Rückenkratzern. 1893 schließlich machte er die Erfindung seines Lebens. Gemeinsam mit seinem Freund Richard Seifert entwickelte er ein antiseptisches Mundwasser, mit dem er quasi über Nacht bekannt und vor allem schwerreich wurde.

Genial war weniger die Erfindung – in dem Mundwasser war nichts, was man damals nicht in vielen anderen Zahnputzmitteln fand –, genial war das Marketing. Er gab dem Mundwasser den Namen »Odol«, den konnte sich jeder merken, und er klingt in allen Sprachen gleich. Er entwickelte eine markante Verpackung, die unverwechselbare Seitenhalsflasche, die heute noch im Handel ist (man stelle sich das vor: mehr als hundert Jahre später!), und er schaltete sofort Anzeigen, freche, gutgezeichnete Bildergeschichten, die immer noch überzeugen oder zumindest amüsieren.

Lingner war weniger Gesundheitsapostel und Philanthrop als Vermittler, ja, Verkäufer, Händler. Er wollte nicht nur etwas Nützliches erfinden, sondern es vor allem verkaufen. Er wollte belehren, beibringen, seine Ideen im wahrsten Sinn des Wortes an den Mann bringen. So schickte er, kaum daß sein Mundwasser auf dem Markt war, einen Trupp Studenten ins Erzgebirge. Sie hatten die simple Aufgabe, jedes Seifen- und Drogeriegeschäft aufzusuchen, dort »Odol« zu verlangen und anschließend den Ladenbesitzer völlig fassungslos zu fragen: »Wie, das kennen Sie nicht?« Kein Wunder, daß Lingners Auftragsbücher in Windeseile gefüllt waren.

Mit dem Hygiene-Museum machte er es ähnlich. Er entwickelte ein umfassendes Konzept, stellte eine lückenlose Liste von relevanten Themen zusammen, sprach führende Wissenschaftler seiner Zeit an, beauftragte zwei Architekten mit der Planung und Bebauung einer Fläche von insgesamt 320000 Quadratmetern, lud Vertreter der maßgeblichen Industrieunternehmen ein, ihre Instrumente und Produkte zu zeigen, und initiierte 1911 in Dresden die erste internationale Ausstellung in Sachen Hygiene. Da gab es Bereiche wie Chemie, wissenschaftliche Instrumente und Kosmetik, Bäder und Kurorte, Kinder und jugendliche Personen, Kraftmaschinen, Nahrungs- und Genußmittel, Kleidung und Körperpflege, Krankenfürsorge, Hygiene im Verkehr, Spiel und Sport oder Armee-, Marine- und Kolonialhygiene. Hinzu kam die internationale Abteilung, in der sich Länder wie Rußland, Spanien, Österreich, Ungarn, Brasilien, Japan und China in eigenen Pavillons präsentierten.

Außerdem befanden sich auf dem Gelände unzählige Stätten des Vergnügens. Sie waren von Anfang an fest eingeplant: Cafés und Restaurants wie das Esplanade und das Café Corso, eine American Bar, die Bodega und ein Arabisches Café, das Oberbayern mit Alpenpanorama sowie das Thomasbräu mit Würstlprater. Kabaretts lockten, Kasperletheater, eine Rodelbahn, eine Kegelhalle und ein Tanzsalon. Lingner wollte eben nicht nur eine Ausstellung zeigen, sondern auch möglichst viele Besucher anlocken.

Und seine Rechnung ging auf. Die Leute strömten herbei, sie standen am Eingang Schlange. Fünfeinhalb Millionen Besucher in einem halben Jahr – was für eine stolze Zahl! Elegante Damen im langen Kleid mit eng geschnürter Taille und Sonnenschirm, Herren mit Stock und Hut, Mädchen mit gestärkten Schürzen und Schleifchen im Haar, Buben mit Schnürstiefeln und ernstem Blick. Menschen, die eigentlich Samstag nachmittags auf der Brühlschen Terrasse flanierten, ins Kaffeehaus gingen oder gesittet im Großen Garten ihren Kindern beim Spiel mit Rad und Stock zuschauten. Alle informierten sich plötzlich über Hygiene.

Lingner war genial, das muß man schon sagen. Doch er hatte auch seine Schwächen. So umgab er sich gerne mit Künstlern, vor allem mit Künstlerinnen, (in seinem Testament bedachte er gut dreißig Balletteusen und Schauspielerinnen mit einer ansehnlichen Leibrente), er kaufte gerne Schlösser (allein eines der drei Elbschlösser gehörte ihm, flußabwärts am nördlichen Ufer einfühlsam und schmuck mitten in den Elbhang plaziert), er pflegte seine Leidenschaft für Musik (Lingner gab wunderbare Konzerte auf der eigenen Orgel im eigenen Haus). Und er liebte die Gräfin Montgelas.

Alle liebten die junge Gräfin. Sie war charmant, geistreich, sie sah nett aus und konnte ausgezeichnet tanzen. Ihr Vater war bayerischer Gesandter beim sächsischen König, und alles freute sich über die angenehme Bereicherung auf den Hofbällen. Lingner aber hatte sich in den Kopf gesetzt, die Gräfin zu heiraten.

Als der »Odol«-Fabrikant beim Gesandten um ihre Hand anhielt, wurde ihm allerdings beschieden, man gedenke nicht, die Tochter an jemanden zu verheiraten, der nicht adlig sei. Ob aus gekränkter Eigenliebe oder wahrer Leidenschaft – Lingner ließ das nicht auf sich sitzen. Für die junge Gräfin kaufte er ein mittelalterliches Schloß in Sargans in der Schweiz und ließ die Schloßkapelle wiederherrichten, und dem sächsischen Königshaus versuchte er mit umfangreichen Stiftungen für Arme und Kranke zu imponieren.

Sein Rufen verklang nicht ungehört. Schon nach kurzer Zeit machte der König ihn zum Geheimen Rat, nicht etwa nur zum Geheimrat, und als Dank für die Internationale Hygiene-Ausstellung sogar zum Wirklichen Geheimen Rat und damit zur Exzellenz. Doch dem Haus Montgelas war das nicht genug. Die Gräfin heiratete einen anderen und ließ den Mann mit dem Mundwasser im Regen stehen.

Zum Glück, muß man ja heute sagen, denn wäre Lingners Zuneigung auf Gegenliebe gestoßen, gäbe es heute womöglich kein Deutsches Hygiene-Museum. Lingner wäre zufrieden und weltvergessen an die Brust seiner Gräfin gesunken und unverrichteter Dinge gestorben. Er hätte keine Schlösser sanieren lassen, sich auch nicht mehr für Gesundheitsvorsorge engagiert und keine Balletteuse mit Leibrente bedacht.

Tragisch nur, daß Lingner die Museumseröffnung selbst nicht mehr erlebte. Mit der Summe, die er bei der ersten großen Ausstellung eingenommen hatte, sollte eine ständige Sammlung eingerichtet werden. Das erfolgreich erwirtschaftete Vermögen aber fiel der Inflation zum Opfer. Erst 1930 konnte das Deutsche Hygiene-Museum dank anderer Geldquellen eröffnet werden. Lingner war schon 1916 mit nur 56 Jahren gestorben.

Was Lingner allerdings noch erlebte, war 1912 die Gründung der Lehrwerkstätten. Hier wurden Modelle, Schautafeln und Schaukörper gefertigt, die den Ausstellungen zugute kamen und deren Erlös ferner das Museum finanzieren sollten – wieder so ein genialer Lingner-Gedanke. Nicht nur das Museum und entsprechende Wanderausstellungen im In- und Ausland sollten der Aufklärung über Gesundheitsfürsorge dienen, sondern auch Informationsmaterial, das in den Schulen und an der Universität direkt im Unterricht einzusetzen war.

Wir alle haben, ob wir es wissen oder nicht, von Lingnerschen Schautafeln oder ihren Nachfolgern gelernt, selbst zukünftige Generationen werden noch mit Hilfe seiner Modelle den Menschen begreifen lernen. Es gibt einfach nichts Besseres, als wissenschaftliche Ergebnisse auf Tafeln zu präsentieren, sie im wahrsten Sinn zu ver-anschaulichen und sie nach Möglichkeit mit einem Bild oder einem Gedanken zu verbinden, das oder den sich jeder gut merken kann.

Erst nach einem Besuch im Hygiene-Museum wird deutlich, wie stark die eigene Wahrnehmung und Erklärmuster des menschlichen Körpers von Bildern geprägt sind, die ursprünglich aus den Lingnerschen Lehrwerkstätten stammen. So wurde auch, um nur ein winziges Beispiel zu nennen, die Idee hier entwickelt, den Darm wie ein Fließband darzustellen, an dem lauter winzige Arbeiter stehen und die Nahrung nach Kohlehydraten, Eiweißen, Fetten oder Abfall sortieren.

In den Lehrwerkstätten entstand ebenso die Hauptattraktion des Museums, der »Gläserne Mensch«. Noch heute fasziniert die Gestalt mit den erhobenen Armen, die zentral im ersten Raum der ständigen Ausstellung gezeigt wird. Sie steht da, als bete sie die Sonne an, als wolle sie eine Verbindung zum Himmel herstellen. Dabei ist ihr Blick ruhig nach vorn gerichtet.

Der Gläserne Mensch ist eine detaillierte Abbildung des Menschen mit all seinen Organen, Muskeln, Blutbahnen und dem Nervensystem. Während die inneren Teile des menschlichen Körpers in unterschiedlichen Farben ausgeführt sind, ist der eigentliche Leib, Haut und Fleisch, aus durchsichtigem Material. Auf Knopfdruck wird das gewünschte Organ von innen erleuchtet.

Interessanter noch war die ursprüngliche Form der Präsentation des Gläsernen Menschen, wie sie bis einige Jahre nach der Wende gezeigt wurde. Die Figur stand isoliert von der restlichen Ausstellung in einem kapellenartigen, abgedunkelten Rundbau. Während der Vorführung lief ein Band, auf dem mit monotoner Stimme die einzelnen Teile des Körpers und ihre Funktionen beschrieben wurden. Ich glaube mich zu erinnern, daß sich die Figur dabei sogar drehte. Sie stand auf einem Sockel, so hoch, daß der Zuschauer den Kopf in den Nacken legen mußte, um sie zu betrachten. Das einzige, was in der Dunkelheit leuchtete, war der Teil des Körpers, der gerade kommentiert wurde.

Hier war die ungeheure Faszination, ja Atemlosigkeit, zu spüren, die die Besucher des Hygiene-Museums ergriffen haben muß, als sie den Gläsernen Menschen zum erstenmal sahen. Ohne die Oberfläche zu zerstören, ohne seine Haut aufzuschneiden, wurden hier Teile des Menschen gezeigt, die sonst nicht zu sehen waren. Das war eine technische und wissenschaftliche Sensation. Hatten derlei nicht schon die großen Künstler des 16. Jahrhunderts wie Dürer, Tizian oder Michelangelo versucht?

Und war das überhaupt erlaubt? War es überhaupt gestattet, den menschlichen Körper, dieses Heiligtum, dergestalt auseinanderzunehmen und schonungslos dem Betrachter zu offenbaren? Wie viel wollte man wirklich über all diese Details wissen?

Bei der ursprünglichen Präsentation des Gläsernen Menschen mußte man einen Vorhang beiseite schieben, bevor man den Rundbau betrat. Das hatte rein pragmatische Gründe, der Raum sollte während der Aufführung abgedunkelt sein, damit man die einzelnen Organe besser erkennen konnte. Aber es erinnert auch an das Geheimnisvolle, das den menschlichen Körper umgibt, an den Schreck, die plötzliche Scham, ja, womöglich sogar ein Entsetzen, das der einzelne bei so eingehender Betrachtung der Nachbildung eines nackten Körpers in den dreißiger Jahren empfunden haben muß.

Aber der Fortschritt war nicht mehr aufzuhalten. Neun Gläserne Menschen wurden bis zum Krieg in Dresden hergestellt und in der ganzen Welt gezeigt. 1936 wurde die erste Gläserne Frau für das New York Museum of Science gefertigt. Nach dem Krieg entwickelte man Gläserne Tiere, allein fünf

Pferde und acht Kühe. Eine Gläserne Kuh ist heute auch in Dresden zu sehen. Darüber hinaus entstanden zwei Gläserne Zellen, insgesamt 56 Gläserne Männer, 68 Gläserne Frauen und die Figur einer Schwangeren.

Die Gläserne Frau, die heute in der Ausstellung zu sehen ist, bauten die Mitarbeiter der Lehrwerkstätten Anfang der achtziger Jahre. Auch eine zeitgenössische Version des Gläsernen Menschen hat man inzwischen in Dresden entwickelt. Auf der Expo 2000 in Hannover zeigte das Hygiene-Museum den sogenannten »Virtuellen Menschen«: Ein Mann wurde bei einer der kompliziertesten Tätigkeiten schlechthin, dem Violinespiel, computertechnisch erfaßt. Jede Regung, insbesondere im Gehirn, ist in stilisierten Zeichnungen festgehalten und auf dem Bildschirm direkt nachvollziehbar.

Wer sich heute dem imposanten Museumsbau in Dresden nähert, den beschleicht, ähnlich wie angesichts der Fassade des Hellerauer Festspielhauses, ein mulmiges Gefühl. Ist das nicht eigentlich nationalsozialistische Architektur? Darf uns das gefallen? In der Tat fand die Schaufassade mit ihrer monumentalen Kolonnadenreihe ihre Weiterentwicklung nicht zuletzt im Monumentalstil der faschistischen Architektur, und das nicht nur in Deutschland, doch insbesondere beim Innenausbau stand das Dessauer Bauhaus Pate. Es war durch vielfältige Gestaltungsaufträge und Detaillösungen unmittelbar am Bau beteiligt.

Nachdem der Feuersturm vom 13. auf den 14. Februar 1945 auch hier verheerende Wirkung hatte – das Gebäude war zu achtzig Prozent zerstört –, wurde das Museum rasch wieder aufgebaut, um über die Folgeerscheinungen des Krieges, Mangelkrankheiten, Seuchengefahr, Unterernährung zu informieren. In den Jahren seit der Wende konnte es wieder zu einstiger Vollkommenheit gelangen. Hier wirkte zuletzt der Architekt Peter Kulka, der auch den neuen Landtag gebaut hat.

Jetzt ist der symmetrische Grundriß, der sich von einer liegenden Sphinx ableitet, auch wieder von innen klar erkennbar. Der Rundgang durch die Ausstellungsräume führt quasi einmal um den inneren Schmuckhof. Auch sind Eingangsbereich und Steinsaal wieder eins, lichtdurchflutet einmal durch die hohen Fenster in der Frontfassade des Hauses, aber auch durch die große durchgehende Glasscheibe in der Rückwand.

Die Glaswand konnte ursprünglich in der Erde versenkt werden – damals eine technische Sensation. Man hatte dann direkten Zugang in den lichtvollen Innenhof. Hier stand die Hygieia von Karl Albiker, eine wunderbare Verkörperung der altgriechischen Göttin der Gesundheit. Sie fiel nicht dem Feuersturm als vielmehr dem Materialhunger des sozialistischen Wiederaufbaus zum Opfer. Beherzte Bürger konnten sie vom Schrottplatz retten. 1993 wurde sie wieder vollständig hergestellt.

Ähnlich faszinierend wie die durchgehende Glaswand ist das große, stockwerkhohe Fenster in der gegenüberliegenden Mauer. Wer dort steht, kann durch den Innenhof in die Eingangs- und Empfangshalle und bis auf den Vorplatz des Museums schauen. Bei gutem Wetter sieht er zwar sicher nicht bis in die Sächsische Schweiz, aber womöglich das Palais im Großen Garten.

Oberstes Prinzip ist im Hygiene-Museum heute noch oder heute wieder ultimative Transparenz. Das Diktat Lingners, das sich schon am Gläsernen Menschen manifestierte, kommt auch bei der Architektur zum Tragen. Das macht das Museum von innen wie von außen zu einem herrlich hellen, weiten strahlenden Bau. Nirgends sonst ist die Architektur der Moderne in Dresden so deutlich spürbar. Hier möchte man tief Luft holen, die Arme ausbreiten, sich einmal um die eigene Achse drehen.

Nach der Wende war es für das Hygiene-Museum gar nicht so einfach, sich neu zu positionieren. Was sollte man mit einem Museum, dessen Exponate ein Wissen zu vermitteln suchen, das längst Allgemeingut geworden ist? Heute weiß jeder, daß Zähneputzen vor Zahnersatz in jungen Jahren schützt und eine gewisse Reinlichkeit nicht nur angenehm, sondern auch gesund ist.

Auch die Herstellung in den Lehrwerkstätten war allmählich überholt. Nicht die Inhalte, aber die Ausführung hatte sich andernorts verbessert. So war beispielsweise die Billiglohnproduktion in Asien Konkurrenz geworden. Die Modelle und Schautafeln, die zu DDR-Zeiten Exportschlager und Devisenbringer geworden waren, waren plötzlich nicht mehr gefragt.

Ein ähnlich trauriges Kapitel ist die Sache mit den Moulagen. Dabei handelt es sich um erschreckend präzise, dreidimensionale, lebensgroße und naturnahe Wiedergaben von menschlichen Krankheitsbildern, zumeist aus Wachs gefertigt und von Hand bei Tageslicht getreu der Vorlage bemalt. Grauenhaftes und gleichzeitig hervorragendes Anschauungsmaterial. Das Hygiene-Museum verfügt über die stolze Zahl von dreitausend Exemplaren dieser Gattung.

Elfriede Walther, ehemalige Mitarbeiterin im Museum, ist eine der, wenn nicht die letzte Spezialistin in Sachen Moulagen weltweit. Sie kennt nicht nur alle dreitausend Moulagen des Hauses, sondern hat viele von ihnen persönlich angefertigt. Die Sammlung des Hygiene-Museums, fast muß man sagen Frau Walthers Sammlung, ist deshalb spektakulär, weil sie Moulagen von typischen, allgemein verbreiteten Krankheiten wie Tuberkulose oder Syphilis aufweist, nicht nur von einzelnen speziellen Erkrankungen. Das waren Moulagen für den Hausgebrauch, wenn man das mal so lapidar formulieren mag, Moulagen für jedermann. Es ging hier schließlich um Gesundheitsaufklärung, in diesem konkreten Fall um Verhaltensänderung durch Abschreckung.

Heute werden in Medizinstudium oder Forschung kaum mehr Moulagen verwendet. Ihre Blütezeit hatten die Wunderwerke in der ersten Hälfte des 20. Jahrhunderts. Inzwischen gibt es die Farbphotographie, die ist hinreichend präzise und natürlich angenehmer für den Kranken. Moulagen wurden schließlich – kein sehr appetitliches Thema – direkt von der betroffenen Körperstelle abgenommen. Die zahlreichen Dresdner Exemplare ruhen jetzt wohlverwahrt im Keller des Museums. Die Moulagenwerkstatt wurde nach achtzig Jahren ernsthafter und hingebungsvoller Arbeit geschlossen.

Aber das Hygiene-Museum verfügt über jede Menge Wissen, und Wissen ist immer noch ein Vermögen, wenn nicht gar Macht. Als das Kindermuseum in Fulda ein begehbares Herz bauen wollte, fragte man die Dresdner Kollegen um Rat. Schließlich wurde an diesem Haus über Jahre die Fähigkeit geschult, Wissen weiterzugeben. Wenn die Inhalte sich auch verändert haben, gute Wissensvermittlung, kluge Didaktik, die Fähigkeit, Neugier und Interesse zu wecken sind spannende und hochaktuelle Themen. Das hat man sich hier auf die Fahnen geschrieben.

Die ständige Ausstellung wurde aktualisiert und verbessert. Sie gliedert sich jetzt in sieben Bereiche: Der gläserne Mensch, Sexualität, Leben und Sterben, Essen und Trinken, Bewegung, Haut und Haar, Erinnern-Denken-Lernen. Das Museum richtete eine Präsenzbibliothek ein und bietet spezielle Führungen für Kinder und Jugendliche an.

Gleichzeitig finden Sonderausstellungen statt, eine spannender als die andere, immer begleitet von fabelhaftem Programm, Vorträgen, Podiumsdiskussionen und stets ausgerichtet von interessanten Kuratoren, Bühnenbildnern, Tonspezialisten, Künstlern. Die Ausstellungen zielen auf interdisziplinäre Themen ab und überraschen immer wieder neu mit ungewöhnlichen Denkansätzen, Herangehensweisen, Perspektiven und Visionen. Es gibt keine Berührungsängste. Hier wird zeitgenössische Kunst mit Fragen der Moral kombiniert, hier werden Rassenwahn und Todesangst, Abtreibung oder Gen-Manipulation thematisiert. Das Museum hat damit die Lücke für sich entdeckt, die genau seine Chance ist. Wenn an einem Ort überhaupt verschiedene Wissenschaften gebündelt werden können und das im Hinblick auf brisante und aktuelle Fragen, dann hier im Hygiene-Museum.

Hier liefen Ausstellungen wie »Unter anderen Umständen. Zur Geschichte der Abtreibung« (1993) oder »Krank, warum? Vorstellung der Völker, Heiler und Mediziner« (1995), »Fremdkörper – Fremde Körper. Von unvermeidlichen Kontakten und widerstreitenden Gefühlen« (1999 / 2000), »Mensch und Tier. Eine paradoxe Beziehung« (2002 / 2003) oder »Noch mal leben. Eine Photoausstellung über das Sterben« (2004).

In der Ausstellung »Die Zehn Gebote« (2005) wurden den zehn grundlegenden Lehrsätzen aus der Bibel Positionen aus der zeitgenössischen Kunst gegenübergestellt. Die zahlreichen Bilder und Skulpturen, Photo- und Videoarbeiten waren scheinbar stumme Kommentare, doch gaben sie gleichzeitig beredt Auskunft von den Problemen, die mit Hilfe der Zehn Gebote heute zu lösen wären. Haben die biblischen Gebote überhaupt noch eine Bedeutung, und wenn, dann welche? Sind nicht längst andere Werte an ihre Stelle getreten? Die Ausstellung gab Anlaß, sich neu mit den ethischen Grundlagen menschlichen Handelns auseinanderzusetzen. Keine Frage – das Haus hat seinen Platz in der Museumslandschaft gefunden.

Gehen Sie tanzen. Oder schauen Sie dabei zu, wie andere es tun

Es ist spät abends. Die sonst lichtdurchflutete Galerie liegt im Halbdunkel. Sie ist lang und schmal, die Wände sind weiß gekalkt, irgendwo im Hintergrund brennt eine Lampe. Es ist merkwürdig still, die wenigen Künstler, die sich in einer Ecke zusammengeschart haben, unterhalten sich leise. Manche hocken auf Bierkästen, andere auf dem Boden, die Stühle reichen nicht aus. Die wenigen Exemplare dienen als Tische für die vielen Gläser und halbgeleerten Weinflaschen. Die Aschenbecher quellen über. Man ahnt nicht, daß sich die Künstler hier verabredet haben, um miteinander zu arbeiten. Ein Mann hat es sich im Liegestuhl bequem gemacht, wahrscheinlich der Galerist. Er scheint zu schlafen.

Allmählich steigt der Geräuschpegel, einer fängt scheppernd an zu lachen, rollt sich auf dem Boden, die anderen lachen mit. Die schmale Schöne mit der schwarzen Perücke und den kirschrot bemalten Lippen, die bisher grazil ineinandergefaltet auf ihren hohen Absätzen hockte, steht auf und streicht die Hosenbeine glatt. Sie legt den Arm nach hinten, lehnt sich an die Wand und zieht ein letztes Mal an ihrer Zigarette, die Augen zu schmalen Schlitzen verkniffen, um sie vor dem Rauch zu schützen.

Der Mann, mit dem sie zuletzt gesprochen hatte, greift hinter sich und zieht ein Saxophon aus dem Dunkel. Er steht ebenfalls auf, hakt das Instrument in das Band, das er um den Hals trägt, und bläst probehalber ein paar Töne. Langsam wandert er nach hinten, aus den Tönen wird eine Tonfolge, aus der Folge eine Melodie.

Sein Kompagnon sitzt noch, doch unwillkürlich greift seine Hand nach den Stöcken, die neben ihm liegen. Leise beginnt er auf dem Holzboden einen Rhythmus zu trommeln. Im Hintergrund glänzen die Stäbe eines einfachen Schlagzeugs, am Boden daneben stehen Rasseln, bunte Dosen, ein Haufen Muscheln.

Einer der Künstler steht auf und geht nach hinten. In dem Teil der Galerie, in dem die Lampe brennt, liegen entlang der Wand, lose nebeneinander, bemalte Blätter auf dem Boden. Eine Tänzerin gesellt sich zu ihm, gemeinsam schauen sie die Arbeiten an. Langsam beginnt sich die Frau zu bewegen, sie reckt die Glieder, erst scheinen es nur Dehnübungen zu sein, dann kommt ein Schritt, ein zweiter, sie entfernt sich von dem Maler, nimmt die Arme hoch, wagt einen ersten Sprung. Der Saxophonist gibt ihr einen Rhythmus, sie nimmt ihn auf, dann variiert sie ihn. Zwei andere Tänzer sind ihr gefolgt. Auch sie fangen an, sich zu den Klängen zu bewegen.

Der Maler beobachtet die Tänzer aufmerksam, er vergleicht ihre Bewegungen mit seinen Bildern, greift zum Pinsel, taucht ihn in schwarze Farbe und fügt einen Strich hinzu. Inzwischen sitzt auch der Schlagzeuger an seinem Instrument. Leise, ganz leise mischen sich seine Töne mit den Klängen des Saxophons. Zu Beginn sind es nur Geräusche, ein Rascheln, Klopfzeichen. Allmählich wird daraus eine Korrespondenz, ein gemeinsames Spiel.

Die Schmale mit der dunklen Perücke hat längst ihre Zigarette ausgedrückt. Sie nimmt einen der Stühle und zieht ihn mit gleichgültiger Miene langsam ins Licht. Erst weiß man nicht genau, ob sie zu dem Maler oder zu den Tänzern gehört, aber sie hat einen Zeichenblock unter den Arm geklemmt, in der engen Hosentasche ihrer Jeans steckt ein Stift. Sie setzt sich auf den Stuhl, zieht die Beine an, lehnt den Block an die Knie und beginnt zu zeichnen.

Auch der Galerist ist inzwischen aufgewacht. Er hat an seinem Weinglas genippt, die Arme hinter dem Kopf verschränkt und schaut dem Treiben genußvoll zu.

Ein Kurzbesucher Dresdens wird solch einer Szene wahrscheinlich nicht begegnen, es müßte schon ein glücklicher Zufall sein. Doch er wird ihre Wirkung spüren, denn sie ist keinesfalls einmalig. Sie folgt den Traditionen, die Gret Palucca, wenn nicht gar Mary Wigman, die Protagonistinnen des modernen Ausdruckstanzes, in Dresden begründet haben. Stationen ihres Schaffens knüpfen ein dichtes Netz, das sich über die ganze Stadt ausbreitet. Sei es das Festspielhaus in Hellerau, wo der moderne Ausdruckstanz für Dresden seinen Anfang nahm, sei es am südöstlichen Zipfel des Großen Gartens, wo sich bis heute Paluccas Tanzschule befindet, oder, nicht zuletzt, die Semperoper, in der regelmäßig ihre Schüler auftreten oder Choreographien gezeigt werden, deren Meister sie bis heute verehren.

Schon Bauhauskünstler wie Wassily Kandinsky und Paul Klee ließen sich von Paluccas Tanz inspirieren. Regelmäßig war sie bei ihnen in Dessau zu Besuch. Stundenlang sah ihr Kandinsky bei der Arbeit zu. Palucca selbst griff die Eindrücke, die sie aus der modernen Malerei gewann, auf und suchte sie in Tanz auszudrücken. Sie pflegte zeit ihres Lebens enge Verbindungen und Freundschaften zu Künstlern ihrer Zeit, einer davon war Otto Dix. Zahlreiche Werke zeitgenössischer Malerei befanden sich in Paluccas Privatbesitz. Ich sehe sogar in der Malerei von Max Uhlig, dem bekannten Dresdner Künstler, eine Nähe zum modernen Ausdruckstanz, gleicht doch sein Malen rhythmischem Atmen, beschreibt doch jeder Pinselstrich auf seinen Bildern eine weit ausholende Bewegung.

Getanztes in Farbe auf die Leinwand bringen, Gemaltes in Rhythmen umsetzen, immer neue Ausdrucksformen suchen, um die Bilder zu zeigen, die man im Kopf hat – das entsprach Paluccas Intention. Keiner wird je ihren Tanz vergessen, ihre Kraft, ihre unglaublichen Sprünge, ihre explosionsartige Beweglichkeit, einem Zornausbruch gleich. Dabei gingen von ihr Vergnügtheit aus, überschwengliche Freude, unkontrollierbare Ausbrüche von plötzlicher Lebenslust. Sie wirkte leicht und trotzdem energetisch, sie schnellte wie eine Feder nach vorn und strahlte gleichzeitig Unbeschwertheit aus. Sie schien zu fliegen.

Auf den Photographien von Hugo Erfurt, der ihre Sprünge in vollendeter Form festgehalten hat, wirkt sie ein wenig verrückt, zumindest entrückt. Sie sieht aus als rufe sie gleichzeitig »Laßt mich los!« oder »Weg von hier!« Sie wehrt sich kraftvoll gegen die Anziehungskraft der Erde, aber auch gegen Konventionen.

Lange hatte sie nach den richtigen Ausdrucksformen gesucht. Obwohl schon als Kind von Tanz begeistert, wurde ihr während ihrer klassischen Ausbildung in ihrer Geburtsstadt München beschieden, sie sei zum Tanzen vollkommen ungeeignet. Das wundert sie nicht. Längst hat sie gemerkt, daß die starren Formen, die ihr beigebracht werden, nicht genügen, um das zum Ausdruck zu bringen, was sie bewegt. Der Zufall will es, daß sie 1919 einem sensationellen Auftritt von Mary Wigman in Dresden beiwohnt. Sie ist begeistert, fühlt sich in ihrem Streben bestätigt. Umgehend bewirbt sie sich um Aufnahme in ihrer neuen Schule und gehört mit Leni Riefenstahl, Berthe Trümpy, Yvonne Georgi und wenigen anderen zum ersten Jahrgang.

Mary Wigman hatte selbst einen langen Prozeß der Selbsterfahrung hinter sich. Geboren 1886 als Marie Wiegmann in Hannover, kam sie 1911 nach Dresden, um in Hellerau an der Schule für Rhythmische Gymnastik von Émile Jaques-Dalcroze etwas von ihrem unspezifischen Verlangen nach Selbständigkeit und Tanz zu verwirklichen. Der Schweizer Musikpädagoge Jaques-Dalcroze hatte als Professor am Genfer Konservatorium beobachtet, daß seine Schüler bei ihren Etüden und Übungen unwillkürlich mit dem ganzen Körper in Schwingungen gerieten. Er hielt es zunehmend für unsinnig, den Mensch beim Erlernen und Ausüben von Musik an einen Stuhl zu binden. Seine Methode der Rhythmischen Gymnastik sollte befähigen, mit dem gesamten Körper Musik zu erleben und so auch für andere nachvollziehbar zu machen. In seinem Unterricht hatten die Schüler keinen festen Sitzplatz, damit sie sich so frei bewegen konnten, wie sie wollten.

In Hellerau wird Mary Wigman auch des innovativen russischen Balletts gewahr, das der Impresario Sergej Diaghilews initiiert hatte. Sein erster Choreograph Michael Fokin entwickelt eine Tanzform, bei der ebenfalls der gesamte Körper zum Einsatz kommt. Sein Tänzer Vaclav Nijinskij folgt seinen Theorien und zeigt eine neue, ungewohnt expressive Körpersprache.

Auf der Suche nach neuen Choreographien geraten Diaghilew und Nijinskij auch an Jaques-Dalcroze. Die Zusammenarbeit zwischen dem Rhythmik-Lehrer und den Vertretern des neuen Ballets Russes in Hellerau ist äußerst erfolgreich. Die Premiere von »Le sacre du printemps« nach der Musik von Igor Strawinsky gerät zur Sensation.

Mary Wigman schließt die Ausbildung zur Rhythmik-Lehrerin erfolgreich in Hellerau ab, doch sie ist noch längst nicht am Ziel. Sie möchte nicht allgemeingültige Formen praktizieren und weitergeben, sondern ihre eigenen Empfindungen zum Ausdruck bringen. In ihrem Tagebuch schreibt sie: »Alles, was mit der Musikalität und mit der musikalisch-rhythmischen Erziehung bei Jaques-Dalcroze in seiner Methode zu tun hatte, interessiert mich einen Dreck! Was mich interessierte, war nur die Tatsache, daß einem gesagt wurde: Nun sagen Sie das einmal mit Ihrem Körper.«

Ihren wichtigsten Lehrmeister findet sie in Rudolf von Laban in der Künstlerkolonie auf dem Monte Verità am Lago Maggiore. Laban hatte eine neue »Schule der Kunst« gegründet, in der er Schüler auf allen erdenklichen künstlerischen Gebieten ermutigte, individuelle Ausdrucksformen zu finden. Mary Wigman in ihrem Tagebuch: »Es war, als käme ich nach Hause. (...) dies wunderbare Gefühl, mit dem ich dastand und plötzlich unter der Diktatur eines Trommelrhythmus glücklich und selig war.«

Hier entwickelt sie sich zur Ausdruckstänzerin, geht auf Tournee, wird frenetisch beklatscht oder wütend ausgepfiffen, kehrt schließlich nach Dresden zurück und gründet dort in der Schillerstraße 17 (heute Bautzener Straße 107) eine Schule.

Offenbar gehört es zu den Lebensläufen großer Künstler, daß sie irgendwann mit ihrem Lehrer brechen und eigene Wege gehen. 1923 erlaubt sich Palucca in einer Wigman-Choreographie auf der Bühne einen Extrasprung, erntet Szenenapplaus, doch nach der Aufführung trennen sich die beiden großen Frauen. Palucca startet eine Solokarriere und ruft 1924 ihre eigene Schule ins Leben. Mary Wigman verläßt Dresden 1942 und stirbt 1973 in Westberlin.

Gret Palucca bleibt Dresden erhalten. Sie wird sehr alt, überlebt die Wende, und bis zuletzt arbeitet die zunehmend schmalere, fragilere Frau mit ihren Schülern. Ihre zerbrechliche Figur steht in deutlichem Widerspruch zu ihrem willensstarken, unerbittlichen Auftreten. Grauhaarig und mit tausend kleinen Falten im Gesicht, mit papierener Haut, tanzt sie ihren Eleven die Schrittfolgen vor. Bis zu ihrem Tod bleibt sie Herrin ihrer Schule. 1993 wird sie auf Hiddensee beerdigt. Noch heute wird Jahr für Jahr auf der Ostseeinsel ein Workshop veranstaltet. Dann tanzen ihre Schüler am Strand ihr zur Ehre.

Mary Wigmans und Gret Palucca Einflüssen kann man, wenn nicht in nächtlichen Galerieräumen, dann am Basteiplatz, der Palucca-Schule oder bei Ballettaufführungen in der Semperoper und andernorts nachspüren. Ähnlich wie bei Konzerten sind die Dresdner bei der Auswahl von Aufführungsplätzen durchaus erfinderisch. Vielfach dienen bislang nicht renovierte Industriebauten wie der Erlweinspeicher oder die Bienert-Mühle als Bühne. Was für eine Glück, daß die Renovierungsarbeiten nicht überall so schnell voranschreiten. In der Lokalpresse, *Sächsische Zeitung*, *Dresdner Neueste Nachrichten (DNN)*, *Sax* oder *Dresdner* wird ausdrücklich auf derlei spektakuläre Ereignisse hingewiesen. Es lohnt sich fast immer, denn man hat die Chance, sonst unzugängliche Bauten von innen zu sehen. Auch der Blick hinaus durch oft leere Fensterlöcher eröffnet ungewohnte Perspektiven auf die Stadt. Außerdem macht die fremdartige Atmosphäre, allein das Wissen um die womögliche Einmaligkeit dieses Abends, die Aufführung zu einem unvergeßlichen Ereignis.

In Hellerau wird man auch auf andere Spuren stoßen. Anfang des 20. Jahrhunderts verlegte der Dresdner Möbelfabrikant Karl Schmidt seine »Deutschen Werkstätten« nach Hellerau. Nach Plänen von Richard Riemerschmid, dem Münchner Jugendstilarchitekten, der schon bei der Produktion sogenannter Maschinenmöbel mit ihm zusammenarbeitete, entstand neben dem Fabrikgebäude eine Arbeitersiedlung nach modernstem englischen Vorbild: die Gartenstadt Hellerau.

Spiritus rector von Helleraus Planung war der liberale Politiker Friedrich Naumann. Der vierte im Bunde war Wolf Dohrn, Mitbegründer und 1907 bis 1910 erster Sekretär des Deutschen Werkbundes. Er war es, der Jaques-Dalcroze einlud, in Hellerau seine neue Schule zu gründen, und er beauftragte, im Einvernehmen mit den anderen Gründern der Gartenstadt, Heinrich Tessenow, zu diesem Zweck ein Gebäude zu entwerfen, das sogenannte Festspielhaus. Denn neben ihren architektonischen und gewerblichen Zielen hatten die Vordenker der Gartenstadt auch ehrgeizige pädagogische Vorhaben. Gerade Dohrn sah in der Sozialpolitik einer Gartenstadt das »Mittel, bessere und schönere Menschen entstehen zu sehen«.

So kam es, daß nicht nur Jaques-Dalcroze in Hellerau seine Ideale verwirklichte, sondern später auch zahlreiche andere Reformpädagogen wie Paul Geheeb, der Gründer der Odenwaldschule, oder Alexander S. Neill, der durch seine Summerhill-Schule und sein Buch »Theorie und Praxis der antiautoritären Pädagogik« weltweit bekannt wurde.

Jaques-Dalcroze hatte die Chance, das architektonische Konzept für seine Schule mitzubestimmen. Das Gebäude sollte streng zweckgebunden sein, ein Komplex, der Arbeitsräume, Bibliothek, Pensionat für Schüler und individuelle Wohnungen für die Lehrer zu einer funktionalen und gleichzeitig repräsentativen Einheit verband. Ein zentraler Saal sollte Aufführungen und Schulfesten dienen.

Ein Mann, der eng mit Jaques-Dalcroze zusammenarbeitete, war der Theatertheoretiker und Regisseur Adolphe Appia. Kein Wunder, daß der zentrale Saal des Hauses exakt den innovativen Vorstellungen Appias von einer Bühne entsprach: ein geräumiges Rechteck ohne Dekoration oder Kulissen mit an einer Seite aufsteigenden Stufen für die Besucher. Mit standardisierten Würfeln oder Klötzen konnte man den Aufführungsbereich je nach Bedarf gestalten. Wichtig und neu war: Es gab keine Barriere zwischen Zuschauerraum und Bühne, keine Trennung zwischen Darsteller und Betrachter.

Ausgangspunkt des Engagements für eine Gartenstadt und die dazugehörige musikalisch-pädagogische Ausbildung war die Idee, den Menschen wieder näher zur Natur zu bringen. Die Reformer waren der tiefen Überzeugung, die Zivilisation habe den Menschen verformt und krank gemacht. Auch der

Dresden-Radebeuler Naturheilkundler Eduard Bilz empfahl seinen Patienten nichts anderes als gesunde Ernährung, Schwimmen im Freien und viel Bewegung an der frischen Luft. Allmorgendlich traf man sich zum Tautreten auf der Wiese. Dazu mußten Schuhe und Strümpfe abgelegt und auch die Hosenbeine ein wenig hochgerollt werden. Es ging im Grunde darum, die Haut der Sonne auszusetzen, sich bewußt seinem Körper, seiner Verdauung, seiner Ernährung zu widmen. Das war damals revolutionär.

Die Rhythmiker und Pädagogen vom Heller setzen dem noch eins oben drauf. Schließlich forderten sie zu Gymnastik unter freiem Himmel auf, zu ungeordneten Bewegungen. Die zügellosen Verrenkungen und lustigen Reigen, die kurzen Hosen und ärmellosen Hemdchen, in denen die Schüler im Freien herumhüpften – all das löste bei ihren Gegnern Entsetzen aus.

In Hellerau ließ man sich nicht beirren. Männer wie Appia, Jaques Dalcroze, Geheeb oder Neill waren von ihren Ideen überzeugt, ja geradezu besessen. Auf den Bildern, die man von ihnen zu Lebzeiten machte, sieht man ihre irren Augen, den unverrückbaren Blick. Sie konnten ihn auf eine Stelle heften und nie mehr davon ablassen. Auch trugen sie alle Vollbart, das schien irgendwie dazuzugehören.

Ihre Suggestionskraft hatte eine große Wirkung. Künstler, Handwerker, Verleger und Schriftsteller fühlten sich von der Gartenstadt und der Schule von Jaques-Dalcroze angezogen. Zu den Schulfesten strömten zwischen 1910 und 1914 Gäste aus ganz Europa, darunter Le Corbusier, Kafka, Kokoschka, Nolde, Poelzig, Rachmaninow, Rilke, Werfel und Stefan Zweig.

Da gab es also Jahre, in denen sich alle diese phantastischen Leute zumindest kurzzeitig in dem kleine Hellerau aufhielten, lauter Verliebte und Verrückte. Es erinnert an die gleichnamige Inszenierung von George Tabori. Unter diesem Titel hatte er zahlreiche Shakespeare-Szenen, praktisch die schönsten Stellen, zu einem großen zweitägigen Programm zusammengefaßt, »Verliebte und Verrückte.« Ob nun richtig verliebt, selbstverliebt oder verliebt in die eigene Sache, das sei dahingestellt. Im Ergebnis ist es gleichgültig. Tatsache ist, daß es Verliebte und Verrückte braucht, um Großes zu vollbringen. Zum Glück hat es in und um Dresden immer wieder viele davon gegeben.

Hellerau hat sich seitdem stark verändert. Die Nazis vertrieben die Künstler, und die russischen Besatzungstruppen machten aus dem Festspielhaus und den angrenzenden Gebäuden eine Kaserne. Heute erinnern Piktogramme an den Saalwänden an die Sportarten, die dort von den Soldaten ausgeübt wurden. Pathetische Wandbilder im Treppenhaus glorifizieren die Sowjetzeit.

Anstatt des Yin-Yang-Zeichens klebt in dem runden Fenster über dem Eingangsportal des Festspielhauses der rote Stern. Die Bedeutung der Gartenstadt verblaßte. Jahrzehntelang stand das Wort Hellerau für nicht mehr als eine Straßenbahnendhaltestelle.

Inzwischen gab und gibt es vor oder im Festspielhaus wieder Tanz und Theater, Musik, Ausstellungen und Spektakel. Ab 2005 werden der Choreograph William Forsythe und sein Ensemble hier regelmäßig auftreten.

Trotzdem hat ein Besuch von Hellerau seine Tücken. Wenn keine der bemerkenswerten Sorokin-Inszenierungen von Carsten Ludwig, wenn kein Konzert, kein Tanz stattfindet, keine Ausstellung wie 1998 die herrliche Schau mit Leon Golub und Nancy Spero, dann wirkt der Ort leer und abgeschieden. Auf dem Platz vor dem Festspielhaus könnte einem das Herz in die Hosen rutschen angesichts seiner überdimensionalen Größe, auch die hohe Fassade löst Verzagtheit aus.

Ich bin oft in Hellerau gewesen (Insider sagen übrigens Heller-Au), habe verschiedene Jahres- und Tageszeiten gewählt und mich auf unterschiedlichste Weise dem mythenumwobenen Ort genähert. Ich habe bei klirrender Kälte versucht, einen Blick auf den hübschen Werkhof der Deutschen Werkstätten zu erhaschen oder herauszufinden, welches Haus hier oben nun eigentlich von wem gebaut wurde. Ich bin bei strahlendem Frühlingswetter mit der Straßenbahn gefahren, die sich mitten durch lichten Wald schlängelt, erwartungsfroh, neugierig auf die berühmte Siedlung im englischen Stil. Doch sobald ich ausgestiegen war, fand ich nichts von dem, was ich suchte. Vielleicht mangelte es mir an ortskundiger Führung. Vielleicht fehlten mir Freunde, die zufällig, respektive gerade nicht zufällig, auf dem Heller ein Haus bewohnen.

Auch das Festspielhaus habe ich oft besucht, nicht nur zu kulturellen Ereignissen. Zwischenzeitlich gab es im linken Seitenflügel ein Lokal, das nicht nur zu Unzeiten geöffnet war. Dann brauste man an lauen Sommerabenden mit weit geöffneten Autofenstern zum Heller, bog mit quietschenden Reifen auf den Vorplatz, bremste wie in einem Road-Movie, stellte das Auto irgendwo ab, Raum war immer genug, und schritt breitbeinig ins Haus. Genützt hat auch das nichts.

Ich empfehle daher wärmstens, das Festspielhaus nur zu besuchen, wenn dort tatsächlich etwas stattfindet. Auch die zugegebenermaßen meist überdurchschnittlichen Ausstellungen sollte man am Tag der Eröffnung besichtigen, nicht irgendwann später. Und für den Besuch der Gartenstadt sollte man sich einer Führung anschließen.

Zu Tessenows, Jaques-Dalcrozes und Neills Zeiten waren die Bewohner Helleraus fest in das Wirken am Festspielhaus integriert. Theodor Zollmann, einer der wenigen Hellerauer, die schon zu Tessenows Zeiten hier gelebt haben, erzählt, die Schule habe ihnen bei größeren Festlichkeiten wie an Weihnachten zur Verfügung gestanden. Sogar waschen konnte man sich hier. Viele hatten zu der Zeit zu Hause noch keine Bäder und nahmen das Privileg für einen Groschen gerne in Anspruch. Und während der Festspiele waren auch die Hellerauer alle auf den Beinen und zogen sich festlich an. Diese einstige Verbundenheit, der Geist der Jaques-Dalcroze-Schule, der Idealismus der Gartenstadt-Gründer ist heute nicht zwingend zu spüren.

Dresden ist Tanz. Das zeigen nicht nur die Spuren von Mary Wigman und Gret Palucca. Das demonstrieren auch die zahlreichen Ballsäle in und um Dresden. Tanzen, um den Sorgen des Alltags zu entrinnen – das hat man in Dresden auch in schwierigen Zeiten beherzigt. Mehr als hundert teilweise prächtige Ballsäle konnte man in Dresden und Umgebung Anfang des 20. Jahrhunderts zählen. Sie hatten zauberhafte Namen wie »Faunpalast« oder »Palmgarten«, »Orpheum« oder »Elysium«. Einige gehörten zu Gasthöfen, andere waren Bestandteil von größeren und kleineren Betrieben. Sobald ein Unternehmen florierte, gehörte der Bau eines Festsaals zum guten Stil.

Ganz großartig muß es in »Donaths Neuer Welt« in Tolkewitz zugegangen sein. Getanzt wurde im Saal und im Freien. Im Garten gab es Kahnfahrten, eine künstliche Ruine, einen Tierpark, und abends inszenierte der Gastwirt auf einer bemalten Blechwand dramatisches Alpenglühen. Die Erinnerungen an das Ausflugslokal sind bis heute lebendig.

Viele Säle wurden im Krieg zerstört, später als Kino benutzt oder stehen bis heute leer. Manche wurden auf bizarre Weise zweckentfremdet. So diente der Saal im »Gasthof Blasewitz« als Textilverkaufsstelle, der Gasthof »Zum Kronprinzen« in Hosterwitz als Konsum, Frisör und Möbellager, in dem Festsaal von »Pfunds Molkerei« auf der Prießnitzstraße hatte die VEB Geflügelzucht Einbauten vorgenommen. Der »Gare de la Lune«, ehemals »Ehlichs Dampfschiff-Restaurant«, beherbergte zwischenzeitlich eine Füllfederhalterfabrik.

Einige Säle wurden nach der Wende wiederhergerichtet und erfreuen sich heute intensiver Nutzung. Wer also beim Tanzen nicht zuschauen will, sondern sich selbst drehen mag, gehe ins »Ballhaus Watzke« in Pieschen, in den »Lindengarten Neustadt« auf der Königsbrücker Straße oder in besagtes »Gare de la Lune« an der Straße nach Pillnitz. Hier ist immer etwas los.

Toute en vogue ist immer noch der Tango. Vor ein paar Jahren wie ein Fieber ausgebrochen, ist die Leidenschaft für den argentinischen Wiegeschritt nach wie vor ungebremst. Da schwingen die Locken, da dreht sich der Kopf, da besteht eine Einigkeit zwischen Mann und Frau, Partner und Partnerin, Tänzer und Tänzerin. Da sieht man noch wahre Hingabe. Jeder tanzt, und jeder tanzt mit jedem. Es ist eine Wonne, dabei zuzuschauen.

Die meisten Tangotänzer treffen sich regelmäßig, mindestens einmal die Woche, manche kommen zu zweit, andere allein, das ist völlig egal. Infiziert sind sie alle. Sie können keinen Tango hören, ohne sofort mitzutun, die Füße trappeln, die Beine rennen, da bleibt keiner sitzen. Und freiwillige Tänzer sind immer willkommen. Kommen Sie!

Zwischen »Raskolnikoff« und »Planwirtschaft«: Wer feiern will, zieht in die Äußere Neustadt

Wer sich vergnügen möchte, zieht abends in die Äußere Neustadt. Das Studenten- und Künstlerviertel auf der Neustädter Elbseite zwischen Bischofsweg sowie Königsbrucker, Bautzener und Prießnitzstraße bietet die größte Dichte an Kneipen, Bars und Cafés in der Stadt.

Im Sommer locken Biergärten in den Zwischen- und Hinterhöfen, einige Wirte haben die Tische und Stühle direkt auf die Straße gestellt, das hat etwas von Italien, etwas von Sehen und Gesehenwerden, von Beobachten und sich Zeigen. Im Winter sitzt man drinnen und genießt die gemütliche Stimmung bei Musik und Kerzenlicht. Die Straßen sind hell, in bunten Farben blinken Leuchtreklamen und Neonröhren, ein Lokal reiht sich ans andere. Jedes hat seine eigene Art, sein eigenes Publikum. Die Auswahl ist so groß, daß hier jeder etwas finden kann. Am Wochenende strömen die Leute aus den umliegenden Orten in die Neustadt und drängen sich scharenweise durch die Straßen, die Autos bilden Schlangen, Parkplätze sind sowieso Fehlanzeige.

Früher war alles anders. Da gab es in der Neustadt fünf Kneipen: das »Hieronymus«, die »Planwirtschaft«, das »Café Hundert«, das »Raskolnikoff« und die »Pinta«. Anfang der Neunziger war das, da fing das gerade erst an mit den Kneipen. Ja ja, ich weiß, das ist sehr lange her; kaum einer kann sich noch so richtig daran erinnern. Fünf Kneipen, das glaubt doch heute kein Mensch mehr. Natürlich waren da noch ein paar andere Orte, wo man hingehen konnte – aber eigentlich ging man da eben nicht hin.

Damals war die Neustadt sehr dunkel, nur ein paar Straßenlaternen verströmten gelbliches Licht. Die meisten Kneipen fand man gar nicht. Nur wer Bescheid wußte, kannte den richtigen Eingang, den richtigen Hausflur, durch den man sich nachts und wie ein Dieb in das Vergnügen tasten mußte. Damals waren die Kneipen noch in Wohnungen untergebracht, in ganz normalen Wohnungen. Da wohnte längst niemand mehr, die standen leer. Das »Hieronymus« (erst »Tivoli«) beispielsweise war im ersten Stock. Die Toiletten waren natürlich – wie bei fast allen Neustädter Wohnungen – draußen auf halber Treppe. Das war für so einen Kneipenbetrieb durchaus praktisch. Dann roch es nicht so unangenehm im Lokal.

Aber es roch trotzdem, die Kneipen hatten keinen Entlüfter, die Fenster blieben geschlossen, und dann reichen ja schon ein umgekipptes Weinglas, drei Zigaretten, fünf Menschen – und schon ist die Luft dicht. Es stank wie Sau, wir saßen in Zigarettenqualm und Bierdunst, man sah nichts, die Musik war laut, alles hockte auf einfachen, harten Stühlen an kleinen Tischen, den Mantel behielt man an, man wußte ja nicht, wie lang man bleibt. Außerdem wurde nicht geheizt. Alles war schrecklich, eine Atmosphäre wie im Krieg – aber wir waren glücklich.

Zu Beginn des Abends traf man sich im »Hieronymus«, später zog man meist in »die Plane«, die »Planwirtschaft«, das war nur wenige Häuser weiter, an der Feuerwache in der Louisenstraße vorbei und dann rechts über den Hinterhof, ein paar

Stufen hinauf, dann war man da. Alles gut! Wieder für ein paar Stunden gerettet.

Nur wer es sich wirklich geben wollte, der lief dann noch in die »Hundert«. Das waren die ganz Harten. Man konnte sich schließlich auch in der »Planwirtschaft« noch steigern. Man mußte nur eine kurze Treppe hinunter in den Keller gehen, (in den Partykeller, witzelten wir), wo es so viele verschiedene Whiskysorten gab, daß man sich nie recht entscheiden konnte, welche man trinken sollte. Hier würde er sich gerne mal eine Nacht lang einsperren lassen, sagte mein Bruder Christoph. Ein einziges Mal alle Sorten ausprobieren.

Wer noch in die »Hundert« wollte, der mußte einmal die Richtung wechseln, die Louisen runter und dann um die Ecke, links in die Alaunstraße. Die mußte man hochlaufen, bis zum Ende, bis kurz vor Bischofsweg, dann rechts über den kleinen Kiesplatz. Das ist weit, wenn man müde und betrunken ist. Da muß man reden, wenn man wirklich ankommen will. Und nicht zu laut, denn zu dem Zeitpunkt war die Neustadt noch ein echtes Wohnviertel. Da schliefen die Leute noch nachts. Das ist heute bei dem Lärm gar nicht mehr möglich.

Und es war kalt. Und im Winter, das heißt von Oktober bis April, roch es nach Kohleheizung. Dieser süßliche Geruch, der mit dem Tod verbunden war, denn wir alle heizten mit Kohle und wußten, wenn man die Ofentür zu früh verriegelte, um ins Bett zu gehen, dann entwickeln sich giftige Dämpfe und man erstickt im Schlaf. Den süßlichen Geruch, den werde ich nie vergessen. Aber man wollte es sich ja geben. Wenn Kies unter den Füßen raschelte, hatte man es geschafft. Dann ging's die Treppe hinunter, und alles war im Lot. Das »Café Hundert« hatte zwar tagsüber ein paar Tische und Stühle draußen stehen, aber im Grunde spielte sich alles im Keller ab.

Wer diesen Keller erreichte, der war ziemlich am Ende. Im »Hieronymus«, da war die Welt noch in Ordnung, da ging man mit geradem Rücken die Treppe hinauf, man hätte sogar vor dem Eintreten an die Wohnungstür geklopft und ausführlich die Schuhe abgetreten, so ordentlich war die Welt da noch.

Da hingen Tische und Stühle von der Decke, auch ein Fahrrad als eine Art Verzierung, womöglich sollte das Kunst sein. Die Wände schmückten große Ölschinken, natürlich eine Replik von Hieronymus Bosch, aber auch zeitgenössische Malerei.

Wer den Blick an die Decke wagte, konnte darüber spekulieren, ob die Essensreste, die auf dem Tisch klebten, die künstlichen Zigarettenstummel, der Aschenbecher und die Gläser, ob die gegebenenfalls doch irgendeinmal herunterfallen könnten, den Kneipengästen auf den Kopf. Solche Überlegungen waren ein Zeichen dafür, wie klar die Sinne im »Hieronymus« noch waren. Zeitweise stand hier sogar ein Sofa, bespannt mir rotem Samt, also nichts mit harten Stühlen. Dort konnte man sich hineinsinken lassen und mußte dann gar nicht mehr weiterziehen. Wer das rote Sofa ergattert hatte, für den war der Abend sozusagen gerettet.

Aber meist kam man nicht ungeschoren davon. Meist mußte man aufstehen, Treppen hinuntersteigen, weiterziehen, immer weiter ging es bergab, fast jeder Abend endete irgendwann im Keller. Wie oft habe ich die feuerroten Ziegelsteine an der Wand hinter meinem Gegenüber im »Café Hundert« gezählt, habe ihre Farbe, habe jede ihrer kleinen, schwarzen, pockennarbigen Kerben studiert, wie oft hat sich mein Blick an die Fugen zwischen den Steinen geheftet, haben sich meine Augen vorsichtig die langen Linien entlanggetastet bei dem verzweifelten Versuch, konzentriert den Worten meines Gesprächspartners zu folgen. Wie oft habe ich mir überlegt, ob ich die Hand in den Bocca della Verità legen sollte, in das Maul der merkwürdigen riesigen Steinmaske, die eine der Nischen schmückte. Ob es etwas genützt hätte? Ob wir der Wahrheit ein wenig nähergekommen wären?

Gut war es, wenn man nicht allein kam. Hier unten ging immer die Welt unter. Wen auch immer man traf, es gab nur Dramen. Hier wurde jeder Streit am Arbeitsplatz zum Kündigungsgrund, jeder Ärger mit der Wohnung oder dem Vermieter zum Anlaß, das ganze Haus in die Luft zu sprengen, jede Liebesgeschichte zum Mordkomplott, jeder Zorn über Ost oder West zum Grund, endlich und sofort morgen die Cruise-Missiles auf die andere Seite zu schicken.

Es schien der Ort zu sein, an dem man endlich mal auf den Punkt kommt, an dem ein für allemal alles geklärt wird. All die Geschichten, die man immer nur angedeutet, über die man immer nur ironische Bemerkungen hatte fallenlassen – hier wurden sie zum tausendstenmal, aber endlich von Anfang bis Ende durcherzählt. Hier flossen Tränen, hier wurde vor Lachen nach Luft gejappt, hier wurden wütend Messer in die Holzbänke gestoßen, hier fanden dramatische Versöhnungsszenen statt. Am Schluß hatte man alles im Griff. Nur eine Frage stellte sich dann noch: Wie komme ich jetzt nach Hause?

Tja, so war das damals in Dresden. Da war man schon zufrieden, wenn man überhaupt eine Kneipe fand, und wenn es dann auch noch ein guter Platz war, ein Treffpunkt, ein Ort, wo man auch andere sympathische Gesichter sah, dann war das Glück nahezu perfekt.

Wir waren damals dauernd auf Kneipensuche, auf Restaurant- und Beisl-Jagd. Es ging nicht immer um Alkohol. Wir hatten Hunger. Und es mußte in der Nähe sein. Wir wollten keine langen Wege haben. Wenn ein neues Lokal geöffnet hatte, flüsterten wir uns die Adresse hinter vorgehaltener Hand zu. Bevor man nichts Genaues wußte, hielt man sie lieber geheim. Und dann ging es los, auf die Fahrräder oder in die Autos, und ab in die neue Kneipe.

Dabei mußte man durchaus kritisch bleiben. Ich erinnere, wie mich ein neuer Freund locken wollte, ich solle doch mitgehen, er kenne da etwas ganz Großartiges, es sei gar nicht weit weg. In Laubegast. Ich zeigte ihm einen Vogel. Der spinnt wohl! Laubegast gehört zugegebenermaßen noch zu Dresden, aber im Vergleich zur Neustadt ist es Kilometer vom Zentrum entfernt. Zu Fuß ist das nicht zu machen.

Der Freund ließ nicht locker. In der Laubegaster Kneipe, da gebe es sogar ein Krokodil. Ich lachte ihn aus, glaubte ihm kein Wort. Schließlich fuhr ich doch mit ihm mit, und in der Tat, er hatte recht. Da draußen vor den Toren von Dresden gab es tatsächlich in den neunziger Jahren ein Restaurant im Dschungellook. Da wuchsen Schlingpflanzen, da stand ein Marterpfahl in der Ecke, und von der Decke hing tatsächlich ein ausgestopftes Krokodil.

Trotzdem ging ich da nicht wieder hin. Es war einfach zu weit weg. Wir wollten ja eigentlich gar nicht raus aus der Neustadt. Wir wollten in diesem komischen kleinen Geviert bleiben, in diesen wenigen düsteren Straßen, der Louisen-, der Sebnitzer, der Alaun-, der Försterei-, vielleicht auch noch der Böhmischen Straße, doch das war fast schon zuviel verlangt. Der Weg dorthin kostete Entschlußkraft, kam einer Wanderung gleich.

Aber es gab dort ein interessantes Ziel. Es hieß »Raskolnikoff«, und der Name war gut. Auch hier gab es einen lauschigen Hinterhof, romantisch geradezu. Man mußte nicht auf Stühlen oder Bierbänken, sondern konnte statt dessen auch auf Mäuerchen sitzen. Im ersten Stock hatte sich eine Künstlerinitiative festgesetzt, da gab es hin und wieder Ausstellungen. Das besondere am »Raskolnikoff« aber war der Sand. Im Hauptkneipenraum, gleich nach der Haustür links, lag Sand auf dem Boden, heller, feiner Sand. Darin versanken Tische und Stühle, beim Stehen und Gehen schien einem der Boden unter den Füßen zu schwinden, und wehe dem, der eine Münze fallen ließ. Sie war für immer verloren. Wenn der Wirt nur einmal den Sand aus der Kneipe gekehrt und sorgfältig gesiebt hätte, dann wäre er Millionär geworden.

Das »Raskolnikoff« war damals eine echte Spelunke, vor der

Tür hing eine rußige Lampe, und der Weg dorthin führte über holpriges Kopfsteinpflaster. Im Schankzimmer war es sehr dunkel. An manchen Tagen brannten nur Kerzen, und die Bedienung war immer schlecht gelaunt oder betrunken. Aber es war ein wunderbarer Ort.

Heute gibt es dort einen zweiten Raum, der sehr sauber ist, rein geradezu. Die Atmosphäre ist sanft und freundlich, Tische, Stühle und Bänke sind aus hellem Holz, und es gibt Vollwertkost. Das hat mit damals wenig zu tun. Das Sandzimmer gibt es noch, sie haben zwar einen breiten Lehmofen hineingebaut, aber der ist herrlich. Man kann darauf sitzen und sich den Rücken wärmen. Tresen, Stühle, Boden, das ist alles wie früher. Ein wenig heller ist es inzwischen, mehr Licht. Jetzt müßte man die Kneipe »Wanja« nennen, schon wegen des Ofens.

Wenn man Gäste von auswärts hatte, ging man in die »Pinta«. Sie ist ebenfalls in der Louisenstraße, aber weit weg von »Hieronymus« und »Planwirtschaft«, fast schon an der Ecke zur Görlitzer Straße. Die »Pinta« hat sich oft verändert, auch den Namen oft gewechselt, so oft, daß ich ihren ersten Namen nicht mehr erinnere. Vielleicht hatte sie damals gar keinen. Sie ist die einzige Kneipe, in der ich einen der legendären Überfälle erlebte, damals, als die Faschos noch regelmäßig aus »der Platte« kamen und die Neustadt aufrieben, Jugendliche, die mit Rechtsradikalen sympathisierten und in Gegenden wie Prohlis oder Gorbitz lebten, den Stadtgebieten, die nur aus Plattenbauten bestehen. Aus ihrer Sicht war die Neustadt links (was mich irritierte, denn was war im sozialistischen Osten denn nicht links?), die Kneipen waren Treffpunkte von Aussteigern und Liberalen, von Leuten, die lange Haare trugen, morgens ausschliefen und krude Ideen für die Zukunft hatten. Die mußte man verdreschen.

Ich saß ahnungslos mit meinem Vetter Richard in der »Pinta«, in der ursprünglichen, noch gänzlich schmucklosen und unprätentiösen »Pinta«, als auf einmal der Wirt quer durch das Zimmer zu den Fenstern rannte und in rasender Geschwindigkeit die Rolläden runterließ. Ein anderer schmetterte die Kneipentür zu und stopfte dicke Lappen zwischen Unterkante und Schwelle. Draußen im Hausflur knallte es, Glas klirrte, und auf der Straße brach Gejohle aus. »Ruf die Polizei«, schrie einer der Gäste. Hier gab es zufällig Telephon. »Die kommt doch sowieso nicht«, ein anderer.

Ein dritter schlug seiner Bierflasche den Boden ab, stand auf, hielt die geborstene Scherbe am Flaschenhals hoch und zischte durch die Zähne: »Ich schlag die alle zusammen.«

Die Rechten hatten Tränengas in den Flur geworfen, wir saßen wie die Ratten in der Falle. Aber die alten Lappen hielten dicht, und einer machte die Fenster zum Innenhof auf. Sofort strömte frische Luft in das verräucherte Zimmer. Ich atmete erleichtert auf.

Wir hatten Glück. Die Polizei kam. Als sie das Haus erreichte, hatten sich unsere Angreifer längst verdrückt. Aber die Tür blieb vorläufig geschlossen. Wir leerten unsere Gläser, kletterten durch das Fenster nach draußen und suchten uns über den Hinterhof den Weg auf die Straße. Im Hausflur hielten wir uns Taschentücher vor das Gesicht. Tränengas – so etwas hatte ich wirklich noch nie erlebt.

Von dem Anarchistischen, das die Äußere Neustadt in den neunziger Jahren prägte, ist nicht viel übriggeblieben. Selbst die »Bunte Republik Neustadt« hat sich zu einem friedlichen Nachbarschaftsfest entwickelt. Das wunderbar ungestüme Kulturereignis, das traditionell am dritten Juniwochenende stattfindet, war ursprüngliche eine politische Aktion und richtete sich ganz konkret gegen Spekulation, Mietwucher und Vertreibung der Bewohner. Man rief in der Neustadt eine Republik aus, gründete einen Staat im Staat; es gab eine eigene Währung; die Organisatoren waren die Regierung, aber vor allem waren alle gleich. Es hatte ein bißchen was von Urkommunismus, ein bißchen was von Basisdemokratie, ein bißchen was von Selbstbestimmung und »Frieden schaffen ohne Waffen«. Während sich das eine System gerade selbst abgeschafft hatte, mußte man dem neuen gleich eine eigene Vision entgegensetzen, um deutlich zu machen, wofür man eigentlich 1989 auf die Straßen gegangen war.

Also riegelten sie für drei Tage das Viertel ab, luden alle Chaoten des Landes ein und feierten wild auf der Straße. Neben Budenzauber, Straßentheater und Kinderprogramm gab es Waffelbacken und Grillecken, Suppenküchen und Holunderblütensaft, alles aus Eigenproduktion. Abends ging das friedliche Miteinander in laute Konzerte und ausgelassene Parties über. Es kamen unendlich viele, irgendwann gegen Morgen schliefen alle ein, die meisten übernachteten gleich bei Freunden und Bekannten in der Neustadt, viele campierten einfach im Freien. Mittelpunkt war das Kulturzentrum »Scheune« in der Alaunstraße.

Die »Scheune« spielt nach wie vor eine große Rolle. Hier finden Konzerte statt, interessante Darbietungen, und im Sommer werden hinter dem Haus im Freien mehrere Bühnen für das Theaterfest aufgebaut. Hier versammeln sich immer noch viele Menschen, sei es in der Kneipe im Haus oder in dem Biergarten daneben, der jedes Jahr zu wachsen scheint und trotzdem aus allen Nähten platzt, sei es vor dem Haus, wo die Punker und Rowdies stehen, die sich hier eigentlich nur treffen, um gemeinsam weiterzuziehen. Aber das Ankommen, das Weggehen, um Bier zu holen, das Wiederkommen, die lautstarken gegenseitigen Begrüßungen, das Rumstehen und schwer rauchend aufeinander Warten machen, zur Verzweiflung der Anwohner, einen Großteil des Abends aus.

Wer in der Neustadt lebt, muß heute ein dickes Fell und taube Ohren haben. Er muß ewig jung bleiben und hart am Puls der Zeit leben wollen. Das kann nicht jeder. Viele, die hier emphatisch gelebt, um nicht zu sagen, gesiedelt haben, die sich eine Wohnung beschafft haben, indem sie in einem der leerstehenden Häuser die Tür eingetreten, ein Schloß eingebaut und sich dann von der Wohnungsverwaltung einen Mietvertrag geholt haben, sind weggezogen. Sie haben ihre Wohnungen, in denen sie mühevoll die Böden und Fenster erneuert, Öfen gesetzt, Wände eingerissen, sich ein Bad und unter Umständen sogar eine Innentoilette eingebaut haben, und das alles dank einer revolutionären Grundhaltung, tatsächlich zurückgelassen. Die Atmosphäre hat sich entsprechend verändert.

Doch ist nicht alles schlechter geworden. Es gibt noch Straßenzüge, in denen sie leben, die echten Neustädter. Sie haben immer noch ihren eigenen Kopf und versuchen sich mit ihrem Lebensstil vom Establishment abzusetzen. Sie haben Familien gegründet, Kinder bekommen, gehen womöglich regelmäßig arbeiten, aber es gibt sie noch. Sie schnüren sich ihre Kleinen auf den Rücken, fahren Fahrrad, gründen Bürgerinitiativen und wehren sich lautstark, wenn ein Parkhaus gebaut werden soll, das ihnen nicht paßt, oder eine Straße nicht den Namen bekommt, den sie vorgeschlagen haben.

Und es gibt nicht nur Kneipen mit grellblinkender Neonwerbung über dem Eingang. Man findet nach wie vor den ein oder anderen authentischen Ort, ein stilles Café, eine freundliche Bar. Suchen mußte man schließlich immer danach, und heute sind die Straßen wenigstens nicht mehr so dunkel.

Vor kurzem hat in der Jordanstraße ein Italiener aufgemacht, »Trattoria Sapori di Sizilia«. Rotweißkarierte Tischdecken, bunte Bilder an der Wand, Paysagen mit mediterranem Licht, unaufgeregt, ganz nett. Der Kellner redet wie ein Wasserfall, am liebsten würde er sich zu seinen Gästen an den Tisch setzen. Ein wenig aufdringlich. Aber dafür gibt er oft am Schluß eine Runde Grappa aus. Was will man mehr?

Die Eisgrotte Neumann existiert ebenfalls noch, wenn sie sich auch sehr verändert hat und heute »Neumanns Tiki« heißt. Früher saß man da bequem und entspannt auf Möbeln, die so aussahen, als seien sie direkt vom Sperrmüll. Man kam zum Frühstück in die Eisgrotte, weil es immer frische Brötchen gab. Herr Neumann war auf die geniale Idee gekommen, sie selbst zu backen. Wer nicht hier frühstücken wollte, holte sich ein paar von den köstlich duftenden Brötchen nach Hause, trug sie in einer warmen Papiertüte durch die Morgensonne.

Wunderbarerweise hat ein kleines Programmkino in der Görlitzer Straße eröffnet, das »Thalia«, eine echte Pionierleistung. Wenn schon nicht Kneipe, dann wenigstens Kino. Man kann ja nicht den ganzen Tag daheim sitzen. Das »Thalia« ist phantastisch. Es hat siebzig Kinosessel, zeigt alte und neue Filme, kultige und witzige, ist kein dunkles Versteck für Filmfreaks, sondern ein kleines Kino für alle. Im Foyer stehen Stühle und Tische und eine echte Bar, das heißt, man kann die Getränke mit in die Vorführung nehmen, Popcorn essen oder einen Schluck Wein trinken und im Kinosessel versinken. Man muß ja nicht immer reden.

Die Indianer von Radebeul

Nach Radebeul verschlägt es einen nicht zufällig. Obwohl es im Südosten unmittelbar an Dresden angrenzt, obwohl es Häuser und Straßen gibt, von denen man nicht genau weiß, ob sie noch zu dem einen oder schon zu dem anderen der beiden Orte gehören, ist die langgestreckte Ansiedlung, deren Häuser zwischen breiter Elbe, Zugstrecke und langsam ansteigenden Höhen nur mühsam ihren Platz behaupten, eindeutig eine Stadt für sich. Das hat seine Gründe.

Radebeul – nicht zu verwechseln mit Radeberg, das für sein Bier berühmt ist –, ist ein Opfer der Reblaus. Jahrhundertelang die Stätte fleißigen Weinanbaus, schon 1271 finden die Radebeuler Weinberge urkundlich Erwähnung, wird 1885 für die Winzer ein schreckliches Jahr. Die Reblaus macht sich breit. Schutzlos dem eingeschleppten Schädling ausgeliefert, müssen die friedlichen Winzer mit ansehen, denn wer kann friedliebender sein als Winzer, wie ihrer langjährigen Tradition der Garaus gemacht wurde.

Doch Radebeul macht aus der Schwäche eine Stärke. Die verarmten Weinbauern verkaufen für gutes Geld ihr Land an

Dresdner Neureiche und Fabrikanten. Gerade im Lößnitzgrund, einem freundlichen Seitental, das der (Lößnitz-)Bach auf eiligen Weg zur Elbe in den Hang geschnitten hat, investieren viele der Unternehmer, die im Zuge der Industrialisierung zu Geld gekommen waren. Sie lassen in die sonnenbeschienenen Hänge feudale Sommerresidenzen und gartenreiche Altensitze bauen. Fortan spricht man nicht mehr vom Weindorf, sondern vom »Sächsischen Nizza«. Von der ärmlichen Siedlung zum eleganten Vorort, vom Winzerstädtchen zum Kurort – Radebeuler wissen sich zu wandeln.

Zu der Atmosphäre von Erholung und Luftkurort trägt nicht zuletzt das Kursanatorium bei, das Eduard Bilz 1890 in der Oberlößnitz errichtete. Der gelernte Weber und gebürtige Sachse profitierte auf seine Weise von Dresdens blühender Wirtschaft. Selbst aufgrund der schlechten und gesundheitsschädigenden Arbeits- und Lebensbedingungen, die in den Fabriken herrschten, fortwährend krank, widmete er sich ganz und gar der Naturheilkunde. Gesunde Ernährung, Gymnastik, Waschungen, Wassergüsse und Schwimmen, vor allem aber frische Luft – das war Bilz' Credo: »Wo die Sonne hinscheint, kommt der Arzt nicht hin.«

Was heute vollkommen selbstverständlich klingt, war damals, wie schon im Zusammenhang mit Hellerau erwähnt, eine Revolution. Die schlechten Lebensbedingungen, die für viele mit der Industrialisierung einhergingen – stundenlanges Arbeiten an ratternden Maschinen in geschlossenen, viel zu engen Räumen –, weckten ein starkes Bedürfnis nach gesunder Lebensweise und Natur. Bilz schickte seine Patienten auf Spaziergänge über die Radebeuler Höhen und zum kollektiven Barfußlaufen in der Wiese, er verordnete Licht- und Lufttherapie. Und er hatte Erfolg. Seine Schrift »Das Neue Naturheilverfahren« wurde bis 1938 dreieinhalbmillionenmal verkauft und in zwölf Sprachen übersetzt. Das Kurhaus konnte sich vor Anmeldungen nicht retten.

Zusätzlich zu dem Sanatorium erwarb er 1903 ein Areal

von dreihunderttausend Quadratmetern und baute dort sein berühmtes Licht-Luft-Bad, ein Freibad mit Schwimmteich, Sandbad, Turngeräten, einem Karussell, getrennten Familien-, Damen- und Herrenbädern und viel Platz. Als auf der I. Internationalen Hygiene-Ausstellung in Dresden eine Wellenmaschine ausgestellt wurde, kaufte er sie sofort und ließ sie im Bilzbad einbauen. Und die Leute kamen in Strömen. Sonntags und in den Ferien waren die Straßenbahnen nach Radebeul fast nur mit Bilzianern gefüllt.

Wer die lange und immer verkehrsreiche Straße durch Industriegelände und unter Eisen- und Autobahnbrücken hindurch nach Radebeul geduldig bezwungen hat, dem präsentiert sich die Stadt in der Tat heute noch oder heute wieder wie ein Kurort. Nur sollte man bei aller Entspannungssuche und Gesundheitswahn kein Weinverächter geworden sein. Hinter hohen Sandsteinmauern und dichten Hecken verstekken sich alte Güter in barockem Gelb, friedliche Wohnstraßen ziehen sich die Hänge hinauf, romantische Weinberge laden zu ausgedehnten Spaziergängen ein. In Schloß »Wackerbarths Ruh« wird der Gast nicht nur mit Wein, sondern sogar mit Sekt empfangen. Vor dem geschichtsträchtigen, vierhundert Jahre alten Spitzhaus, hoch oben auf der Anhöhe, kann man abends köstlich unter einem Dach aus tiefhängenden Weinreben im Freien sitzen und zuschauen, wie die Sonne den Horizont entlangrollt.

Eine unendlich lange Treppe mit genau 390 Stufen führt mitten durch den Weinberg dort hinauf. Jeder Absatz eröffnet eine neue Perspektive. Die Spitzhaustreppe, wegen ihrer steilen Stufen von den Radebeulern auch Himmelsleiter genannt, ist so alt, daß sie nach der Wende ähnlich hingebungsvoll saniert wurde wie das Dresdner Schloß oder die Brühlsche Terrasse. Im Dresdner Umland schreiben sogar die Treppen Geschichte. In der Tat hat sie August der Starke erfunden und Daniel Pöppelmann angelegt. Fertiggestellt wurde sie allerdings erst 1747–1750, nach Pöppelmanns Tod.

Auch das Bilzbad gibt es noch; selbst die alte Wellenmaschine, die erste ihrer Art weltweit, wie könnte es hierzulande anders sein, ist weiter in Betrieb. Wer sich rechtzeitig anmeldet, erhält eine historisch fundierte Führung. Doch obwohl Eduard Bilz sich großer Anhängerschaft erfreute, hat er es an Bekanntheit längst nicht soweit gebracht wie sein enger Freund und Nachbar Karl May (1842–1912). Wer kennt ihn nicht, wer kennt nicht seine wunderbaren Bücher über den Wilden Westen und den Orient, über die große und gute Freundschaft zwischen dem Westmann und Deutschen Old Shatterhand und Winnetou, dem Häuptling der Apachen? Mays Gesamtwerk umfaßt in der Ausgabe Bamberg 74 Bände, es ist millionenfach aufgelegt worden. Er gehört zu den meistgelesenen deutschen Autoren, seine Bücher wurden in bestimmt dreißig Sprachen übersetzt, besonders beliebt sind sie erstaunlicherweise bei den Franzosen. Die Internationale Karl-May-Gesellschaft ist eine der mitgliederstärksten literarischen Vereinigungen Deutschlands.

Obwohl Karl May selbst nie im Wilden Westen war, fußen die Vorstellungen vom Leben der Indianer im Südwesten Amerikas der meisten auf den Erzählungen des Radebeuler Schriftstellers. Ähnlich bizarr, wenn nicht amüsant, ist die Tatsache, daß Winnetou, Old Shatterhand und Karl May in den Staaten praktisch unbekannt sind.

Mein Vater, meine Brüder, wir alle lasen Karl May, wir fraßen seine Bücher um die Wette. Mein älterer Bruder Moritz besaß alle Bände. Manchmal saßen wir zufällig gemeinsam auf dem Sofa, während wir lasen, doch nur so lange, bis mein Bruder entnervt aufstand und wegging. Ich hatte wieder einmal laut gelesen, das heißt flüsternd und nicht absichtlich, aber hörbar. Das hielt er nicht lange aus. Aber es gab auch die Szene, in der mir mein Vater laut aus Karl May vorlas, um mir klarzumachen, wie schlecht seine Texte waren, wie mittelmäßig. Ich hörte ihm höflich zu, verstand aber kein Wort. Meinen Karl May konnte keiner so leicht vom Sockel stoßen.

In Radebeul, in der Karl-May-Straße gegenüber vom Karl-May-Hain, steht Karl Mays Wohnhaus, die »Villa Shatterhand.« Sie ist fabelhaft. Unten die Empfangszimmer, oben sein privates Arbeitszimmer, das Zimmer seiner zweiten Frau, die Bibliothek, sein Schreibtisch, seine Haare. Hier hat er jahrelang gelebt, hier ist er gestorben. Atemlos stehen Erwachsene wie Kinder vor der Vitrine, die unten, zentral positioniert, die »drei berühmtesten Gewehre der Welt« zeigen, wie es im Text heißt, Silberbüchse, Henrystutzen und Bärentöter.

Ähnlich aufregend sind die Einrichtungsgegenstände in der ersten Etage, ein Bärenfell, das orientalisch anmutende Beistelltischchen, Messingteller, bunte Fransendecken, mit denen sich Karl May als Abenteuerschriftsteller inszenierte. Allerdings ist das schon die von ihm revidierte Ausstattung. Obwohl nur selten ein Besucher Zugang zu diesem Zimmer erhielt, ein ausgestopfter Löwe, manch Waffe oder exotischer Wandbehang mußten nach seiner Orientreise verschwinden. Dabei war Karl May nie unfreundlich zu seinen Lesern: »Und bei den innigen Geistes- und auch seelischen Beziehungen, in welche sich meine freundlichen Leserinnen und Leser zu mir gestellt haben, würde es mir sehr lieb sein, wenn ich recht oft durch Beilegung der Photographie für mein Leser-Album erfreut würde«, schrieb er in das Lese-Album.

Sehr aufregend ist auch das Blockhaus auf dem Grundstück Karl Mays, die »Villa Bärenfett«. Es zeigt eine umfassende Dokumentation der Indianer Nordamerikas: Reiterausrüstung, Waffen, Friedenspfeifen, Skalpe, Mokassins, Musikinstrumente. Dazu gesellen sich detailreiche, liebevoll zusammengestellte Dioramen mit lebensgroßen Indianerfiguren, Felsen, Bäumen, echten Zelten. Hier scheint wirklich alles original zu sein.

Wer aus der »Villa Bärenfett« kommt, war in einer anderen Welt. Es ist ein Ort, an dem jeder ungehindert seinen schönsten Kindheitserinnerungen nachhängen darf, ein Ort, der belustigt und gleichzeitig zu Tränen rührt. Hier werden Kinder und Erwachsene wirklich eins. Und das wird vollkommen akzeptiert, ja, ich möchte fast sagen, gern gesehen. Die Menschen, die dieses Museum pflegen, die hier arbeiten, sind selbst halbe Indianer.

Viele von ihnen engagieren sich in ihrer Freizeit in den ortsüblichen Clubs für Hobbyindianer. Der Dresdner Verein »Old Manitou« kann auf ein Gründungsdatum um das Jahr 1928 stolz sein. Er gilt als ältester und mitgliederstärkster Verein für Indianistik in Deutschland. Ähnliche Gruppen existieren in Radebeul selbst, in Meißen oder Weinböhla. Sie haben sich und jedem einzelnen Mitglied klangvolle Namen gegeben und pflegen hingebungsvoll indianisches Brauchtum. Sie fertigen originalgetreue Kleidung und Gebrauchsgegenstände, bauen Blockhütten und Tipis, üben mit gebotenem Ernst die Tänze oder lernen mit Pfeil und Bogen schießen. Einige von ihnen haben die spezifischen Jahreszeiten und Festtage, die Art zu kommunizieren und sich zu bewegen so stark verinnerlicht, daß sie unbewußt nur noch nach den Regeln ihres jeweiligen Stammes leben. Es heißt, daß in diesen Gruppen auch ganze Szenen und Episoden mit Anschleichen, Gefangennahme und langwierigen Friedensverhandlungen nachgestellt werden. Da jeder Hobbyindianer, leider, wie er selbst wahrscheinlich sagen würde, auch noch ein richtiges Leben hat, kann es hin und wieder passieren, daß ein Wilder Wolf oder ein Häuptling Hastiger Hirsch, der unter der Woche ein mittelständisches Unternehmen leitet, beim Anschleichen, Warten und Lauern so müde wird, daß er hinter seinem Busch kurzerhand einschläft. Kein Wunder, daß die Vereinstreffen immer so lange dauern.

Seinen Höhepunkt an Wandlungsfähigkeit erreicht Radebeul alljährlich im Mai, wenn der ganze Lößnitzgrund zum Indianerland wird. Da finden die Karl-May-Festtage statt, und die Welt besteht nur noch aus Pferden, Zelten, Lagerfeuern, Country-Musikern, Trommlern, Tänzern, Wurst- und Grillständen. Unvorstellbar, wie viele Menschen sich für das

Indianerleben begeistern können. Zehntausende finden sich regelmäßig zu den Festtagen ein. Viele waren, bevor das Maiwochenende beginnt, schon tagelang unterwegs, natürlich zu Pferd, denn zu dem Hobbyindianer-Treffen gehört traditionsgemäß ein Sternritt. Und kaum einer wagt, ohne Verkleidung zu kommen, ohne breitkrempigen Hut oder schwere Stiefel, ohne Fransenjacke oder Lederhose.

Entlang der Lößnitz verkehrt eine Kleinbahn, mit der man von Radebeul nach Moritzburg reisen kann. Während der Indianertage heißt dieser Zug, der sonst auf den auch nicht unbedingt liebevollen Namen »Lößnitzdackel« hört, »Santa-Fé-Expreß«. Jedes Jahr wird das Schienenfahrzeug feierlich überfallen, die Reisenden werden gefesselt und ausgeraubt bis aufs Hemd. Jegliche Hilfe kommt immer zu spät. Selbst der Lokomotivführer, der das Spiel seit vielen Jahren mitmacht, wird bestohlen, geknebelt und gefesselt. Unter echten Männern kennt man eben kein Erbarmen.

Und das alles nur wegen Karl May, eines Mannes, der eine real existierende Welt so erfolgreich neu erfand, daß viele sich lieber an seine Erzählungen halten als der Wahrheit ins Auge zu sehen. Sie haben heute noch Schwierigkeiten zuzugeben, daß Winnetou längst gestorben ist, geschweige denn einzusehen, daß er nie existierte. Radebeul ist eben eine andere Welt. Kein Wunder, daß man sich nicht zufällig hierher verirrt.

Vom Wandern und Klettern

Die breiten Bögen der Elbe, der mächtige Strom mit seinen weitgehend naturbelassenen Auen, das kunstvoll arrangierte Stadtensemble, die belebten Brücken, die villengeschmückten Gärten und Hänge in die eine und die kargen, steilen Weinberge mit einzelnen Winzergütern in die andere Richtung bilden eine Einheit, die bei allem Wettstreit zwischen prächtiger Architektur und sanfter, landschaftlicher Schönheit eine tiefe Ruhe und Harmonie ausstrahlen. Dresden stimmt friedlich.

Das setzt sich flußauf- und flußabwärts fort. Schon ein ausgedehnter Spaziergang in den Elbauen vermittelt die tiefe Verbundenheit zwischen Natur und Architektur, die diesem Landstrich zu eigen ist. Nicht umsonst wurde das Dresdner Elbtal zum Unesco-Weltkulturerbe erklärt. Mit dem Titel wird das einmalige Ensemble aus kunstvoller Stadtarchitektur, Kultur und einer weitgehend natürlichen Flußlandschaft gewürdigt.

Ein schmaler Weg führt entlang der Elbe. Wer ihm flußaufwärts folgt, kann vom Japanischen Palais mit Canaletto-Blick zur Rechten bis nach Loschwitz wandern. Über das »Blaue Wunder« – diesen Namen erhielt die Loschwitzer Brücke im 19. Jahrhundert von humorvollen Zeitgenossen – gelangt er bequem auf die andere Uferseite, legt dort vielleicht eine kleine Pause ein und wandert dann flußabwärts wieder zurück. Der Wind zerzaust das Haar, die Sonne irrlichtert über das Wasser, Wolken jagen über den Himmel. Die Kinder lassen Drachen steigen. Selbst an einem kühlen Septembertag ist noch der samtige Glanz des Lichtes zu spüren, der diese Stadt zu einem Stück Italien macht. Er streicht über die Erker und schmucken Balkone der Elbschlösser, ihre Terrassen und Fenster. Von den Elbauen hat man einen schönen Blick auf das neugotische Schloß Eckberg und die beiden Häuser im spätklassizistischen Stil, Schloß Albrechtsberg und das Lingner-Schloß.

Zu Füßen des Blauen Wunders steht die »Villa Marie.« Hier wurden schon wilde Künstlerfeste gefeiert und Performances gezeigt; hier betrieb Claudia Reichardt vor der Wende eine illegale Galerie. Das stimmungsvolle Photo von Werner Lieberknecht auf der Speisekarte erzählt heute noch von den Festen. Es wurde an einem der zahlreichen Morgen danach geschossen. Auf einem blankgescheuerten Holztisch stehen Gläser und Flaschen, ein paar Brotkrumen warten darauf, weggefegt zu werden.

Heute ist das Restaurant eine toskanische Villa, die Mauern in sanftem Umbra gehalten, unter den Füßen knirscht der Kies, wenn man den eleganten Garten betritt, irgendwo plätschert ein Brunnen. Trotzdem oder gerade deshalb – die ungestümen Zeiten sind nun einmal vorbei – ist es ein wunderbares Lokal. Wer sich unten ins Grüne setzt, atmet Rosenduft und kann sich die Sonne auf den Pelz brennen lassen; wer sich oben auf dem Balkon einen Platz sucht, hat einen schönen Blick auf die berühmte Loschwitzer Brücke und die gegenüberliegenden Elbhänge.

Die Verbundenheit zwischen Natur und feinfühlig arrangierten Bauten ist auch im Großen Garten zu spüren, Dresdens größter Parkanlage. Ein barockes Palais in der Mitte zentriert den Blick, zahlreiche Vasen und Skulpturen, wie die Marmorgruppe »Die Zeit entführt die Schönheit«, lenken ihn ab. Der Wind kräuselt die Wasseroberfläche auf dem symmetrisch angelegten Teich. Eilfertig saust die Parkeisenbahn durch die Anlagen, früher Pioniereisenbahn genannt. Wütend pfeift sie auf, bevor sie einen Spazierweg kreuzt. Fußgänger sind ihr eigentlich suspekt. Wozu ist sie schließlich da.

Die Bahn wurde schon zu DDR-Zeiten von Kindern betrieben. Seit 1950 dreht sie ihre Kreise. Auch jetzt noch übernehmen alle Aufgaben, außer der des Lokführers und des Bahnhofvorstehers, Jungen und Mädchen ab der vierten Klasse. Die Gläserne Manufaktur, sprich Volkswagen, hat den Kindern einen nagelneuen Bahnhof an der Wendeschleife gespendet. Entworfen haben ihn die jungen Parkeisenbahner selbst.

Der Eintracht zwischen Stadt und Natur schuldet auch die Tatsache Rechnung, daß in unmittelbarer Nähe des Stadtteils Weißer Hirsch ein fünfzig Quadratkilometer großes zusammenhängendes Waldgelände liegt, die Dresdner Heide. Sie gehört zum Stadtgebiet und macht gut ein Sechstel davon aus.

Den wahren Wandervögeln ist diese Grüne Lunge allerdings zu wenig. Sie klettern im Elbsandsteingebirge, der sogenannten Sächsischen Schweiz, eine knappe Autostunde südöstlich von Dresden. Das heutige Landschaftsschutzgebiet beginnt praktisch hinter Pirna und nimmt eine Fläche von 274 Quadratkilometern ein. In mehreren Windungen passiert die Elbe wildromantische Felsen, Wände mit Türmen und Schluchten, Fährstellen und Siedlungen, Burgen und die einmaligen Tafelberge. Das Gebiet umfaßt die Bastei, den Lilienstein und gleich gegenüber den Königstein mit der Festung Königstein, zieht sich hinter Bad Schandau und links von der Elbe rund um den Großen Winterberg bis ins Kirnitschtal und hinüber nach Tschechien.

Es ist von unglaublicher Schönheit und weckt gleichzeitig nahezu kindliche Freude, denn es sind kleine Felsen, die hier über die Jahrtausende gewachsen und entstanden sind, hohe und spitze, aber nicht allzu große Felsen. Sie haben die unglaublichsten Formen, Vorsprünge und Absätze. Das fordert die Phantasie heraus. Die steinernen Wände scheinen Gesichter zu haben mit Nasen, sie schneiden Grimassen und reißen das Maul auf, rufen wie wildgewordene Bergriesen in den Wald. Sie tragen Hüte, haben Pfeifen im Mund und vor allem Höhlen! Im Elbsandsteingebirge gibt es die großartigsten Höhlen, putzige Einbuchtungen und kleine Kammern, aber auch riesige Grotten und Felsendome, in denen eine ganze Kuhherde Platz findet.

Was sehnten wir uns als Kinder nach einer Höhle! Ob wir Indianer oder Räuber spielten, ob Piraten oder eine Bärenfamilie – nichts ging über eine echte Höhle, in der man wohnen und die man sich einrichten konnte, zu deren Erkundung man Taschenlampen brauchte oder in der man ein Feuerchen anzündete. In Ermanglung von Höhlen bauten wir uns Häuser und Verstecke aus Decken oder Ästen, aus Zweigen und Farnen, aber nichts ging über eine wahre aus Stein. Der Mensch ist eben im Ursprung ein Höhlentier, und nie ist er ursprünglicher als in der Kindheit. Im Elbsandsteingebirge finden seine Ursehnsüchte Erfüllung.

Am schönsten ist es, auf der Elbe in die Sächsische Schweiz zu reisen. Die Dampfer der Weißen Flotte stampfen geduldig flußaufwärts, die traditionsreiche Raddampferflotte ist die älteste und mit ihren neun Schiffen auch die umfangreichste der Welt. Die Schiffe fahren bis nach Bad Schandau, aber wer mag, kann auch schon im Kurort Rathen aussteigen und von dort direkt auf die Bastei klettern. Von oben hat man einen herrlichen Blick auf die anderen Tafelberge und über das ganze Elbsandsteingebirge. Gleich neben der Aussichtsplattform geht es steil hinab. Schwindlig kann einem werden, wenn man versucht, dem Lauf der Schiffe unten auf der Elbe zu folgen oder die Eisenbahn auszumachen, die parallel zum Strom Richtung Tschechien fährt.

Wer die Plattform verlassen hat, gelangt über einen schmalen Grat, der die sogenannte »Martertelle« passiert, zu zwei weiteren Felsen. Der Grat ist mit festem Eisengeländer gesichert, schon 1851 wurde diese Steinbrücke gebaut, aber man gewinnt einen Eindruck von der Abenteuerlust und Spannung, die das kleine Gebirge weckt.

Von Rathen gelangt man am Bach entlang durch einen idyllischen Grund zu der Felsenbühne, einem herrlichen, altmodischen und sehr romantischen Naturtheater. Zu Füßen steil aufragender Felsen mit Kanten und Höhlen und im Schatten dunkler Tannen werden Klassiker von Karl May aufgeführt, »Unter Geiern« oder »Winnetou I«, Märchen und Opern inszeniert wie »Der Freischütz« oder »Hänsel und Gretel«. Nirgends kann man die Angst, aber auch die Faszination so gut verstehen, die Max, den jungen Jäger, bei der Begegnung mit dem Teufel Samiel ergreift, nirgends sonst wirken Hexe und Pfefferkuchenhaus so unheimlich und echt.

Dabei sind Kurort Rathen, Bastei und Festung Königstein, auch noch Bad Schandau eigentlich etwas für Anfänger, für Touristen. Die wahren Elbsandsteiner schlagen sich gleich bis ins Kirnitschtal durch und enden dort im besten Fall bei Ed Busch in der »Busch-Mühle«, dem ultimativen Einkehrort. Doch zuvor gilt es, rasch den einen oder anderen Felsen zu erklimmen. Dazu stehen sie sehr früh auf, noch im Dunkeln verlassen sie Dresden, und wenn der Morgen graut, dribbeln sie schon am Fuße der Felswand, dehnen die Glieder, lockern die Finger. Sie haben ihre Ausrüstung noch einmal überprüft, die Seile gestrafft und neu aufgerollt, die Haken ausprobiert, sie sind in die engen Hosen und die rutschfesten Schuhe geglitten. Sie tragen wenig Kleidung, manche tun es sogar mit nacktem Oberkörper. Ein Kletterer braucht gutes Wetter. Und dann geht es hinein in die Wand. Einer steigt vor, der anderer hinterher. Oft sind sie nur zu zweit. Aber sie kennen sich gut. Und schon hängen sie wie die Affen am Felsen, suchen mit der Hand nach einem Absatz oder Vorsprung, an dem sie sich hochziehen, einer Spalte, in die sie die Fußspitze klemmen können. Jetzt heißt es ruhig bleiben, keine Panik. Was auch immer passiert, in der Felswand muß man die Ruhe bewahren. Und nie nach unten schauen, immer nur steil bergauf.

Da möchte ich schlagartig lieber Touristin bleiben – auch wenn ich schon seit Jahrzehnten in Dresden leben würde, diesen Wahnsinn machte ich nicht mit. Ich habe in diesem Buch wiederholt Dresdner erwähnt, die sich wie Verliebte oder Verrückte gebären, Menschen, die sich der Elbestadt mit Leib und Seele verschrieben haben, die ihre ganze Freizeit, wenn nicht gar Lebenskraft auf eine Sache verwenden, die ihr dient, die sie verschönert oder bereichert. Das finde ich großartig, das kann ich im Grunde meines Herzens nachvollziehen, dafür würde ich selbst gerne Zeit finden. Aber dieses Klettern, das ist der komplette Wahnsinn. Da bleibt einem das Herz schon beim Zuschauen stehen.

Doch sie tun es, und es sind nicht wenige, die es tun. Es sind ganze Gruppen, Cliquen, Vereine. Und die bestehen nicht nur aus jungen Leuten. Eigentlich gehört es für die Dresdner dazu. Wer ein echter Dresdner sein möchte, muß mindestens einmal im Elbsandsteingebirge geklettert sein. Oder er muß wenigstens einmal dort »bofen«. Das ist auch eine wesentliche Elbsandsteingebirge-Erfahrung. Nicht nur wandern, sondern auch bofen.

Sie wissen nicht, was das ist? Ich auch nicht. Das heißt, ich kann mir vorstellen, was bofen heißt, denn ich kenne »pofen« und die »Poftüte«. Pofen heißt schlafen, und die Poftüte ist der Schlafsack. So ist es auch. Die wahren Kletterer übernachten im Elbsandsteingebirge. Sie campieren dort. Sie nehmen in ihren sparsam gepackten Rucksäcken leichte Schlafsäcke mit und Würstchen und ein Feuerzeug. Und wenn die Sonne sich zur Erde neigt und die Dämmerung durch die Schluchten und bewaldeten Täler streicht, dann wird gemütlich Feuerchen gemacht und ein Würstchen gegrillt. Dann zieht einer die Mundharmonika heraus und der andere die Maultrommel, dann werden schwermütige Lieder gesungen, und alle denken an »Weihnachten im Wilden Westen«.

Campiert wird natürlich in einer der wunderbaren Höhlen, auch »Bofe« genannt. Manche befinden sich mitten in einer Felswand, an einem Absatz, und sind nur schwer zugängig. Auch die Feuerchen sind nicht überall erlaubt, denn schließlich befinden wir uns in einem Landschaftsschutzgebiet, aber die Kletterer kennen sich aus. Sie wissen, wo man zündeln darf, und kennen ihre Bofen. Sie haben auch Lieblingsbofen, geheime Ecken und Wege. Die zeigen sie nicht jedem. Das mit dem Klettern ist eben alles eine einzige Geheimniskrämerei, eine Verschwörung, ein Bund einiger weniger Auserwählter. Wahrscheinlich ist es gar nicht so schwer, Anfänger und Tourist zu bleiben.

Wer trotzdem kurzerhand in schwindelnde Höhen steigen möchte, ohne sich in die Felswand zu hängen, wem die Bastei zu überlaufen oder der Königstein zu eintönig ist, der reise kurzerhand nach Bad Schandau, spaziere ein wenig auf der Talsohle flußaufwärts durch den hübschen Ferienort, rechts die Elbe, links der Steilhang, und klettere schließlich in den Personenaufzug. Die imposante, frei stehende und fünfzig Meter hohe Stahlkonstruktion mit dem nadelspitzen Dach wurde 1904 im Auftrag von Rudolf Sendig, einem Bad Schandauer Förderer und Hotelbesitzer, gebaut und verbindet den Kurort mit dem Villenviertel Ostrau. Der Lift funktioniert heute noch tadellos. Gerade dieses Jahr feierte die Stadt sein hundertjähriges Bestehen. Da geht es gleich neben der Straße unter freiem Himmel hinein und ohne viel Federlesens in Minutenschnelle auf luftige Höhen. Über eine schmale eiserne Brücke erreicht man, oben angekommen, das schmucke Ostrau. Da kann man sich auch getrost auf einen

Felsabsatz hocken und den Blick ein wenig in die Ferne schweifen lassen.

Und wieder ist die unglaubliche Präsenz der Natur zu spüren. In aller Ruhe hat sich die Elbe ein breites Bett in den Stein gegraben. Wie mit dem Messer geschnitten sehen die scharfen Kanten der Tafelberge aus. Die Häuser ducken sich wirkungsvoll in ihren Schatten. Sie suchen Schutz bei den mächtigen Riesen und gleichzeitig Nähe zu dem lebendigen Strom, der den Ort mit dem Rest der Welt verbindet.

Das Geheimnis des Weißen Goldes: Meißen

Der Dom zu Meißen ist schmal und hoch, fast zierlich könnte man ihn nennen. Er bildet den krönenden Abschluß eines harmonischen Zusammenspiels aus Burg, Berg und mittelalterlicher Kleinstadt. Wer sich durch die schmalen Gassen, Treppchen und steilen Stiegen, zwischen den alten Renaissance-Häusern, schiefen Dächern und festen Mauern bis hinauf auf den Burgberg gearbeitet hat, atmet erleichtert auf, stellt sich auf die Schloßterrasse und läßt den Blick in die Ferne schweifen.

Zu seinen Füßen sieht er die Elbe fließen, hier relativ gradlinig und nicht in so ausholenden Schwüngen wie bei Dresden. Er sieht die pittoreske Altstadt von oben, den Marktplatz, die Elbe, die große Eisenbahnbrücke, bewaldete Höhen, und den Fluß entlang Richtung Südosten erkennt er auf der anderen Seite Radebeul und die Ausläufer von Dresden.

Und er sieht Weinberge, kultivierte Höhenzüge, die wie wohlfrisierte Köpfe aussehen, so regelmäßig legt sich eine Rebenreihe an die andere. Wie schon bei Radebeul überziehen sie weiter kontinuierlich die Hügelkette parallel zur Elbe.

Nahezu jeder, der hier auch nur ein kleines Stückchen Land besitzt, vielleicht nur einen Schrebergarten, versuchte sich schon zu DDR-Zeiten im Weinanbau. Obwohl er im kleinsten Weinanbaugebiet Deutschlands heranreift, obwohl er bisweilen trocken im Geschmack ist und hier in Breitengraden wächst, die nicht unbedingt von einer Überzahl an Sonnentagen verwöhnt werden, hat sich der Meißner Wein einen Namen erworben, der über die Grenzen der Region hinaus bekannt ist. Weißwein ist es vorrangig, der hier gekeltert wird, aber auch der Anbau der einen oder anderen roten Traube ist inzwischen versucht worden. Seit der Wende gibt es wieder private Weingüter, die dafür gesorgt haben, daß viele Weinberge neu aufgerebt wurden und die Auswahl der Sorten größer geworden ist.

Den Meißner Wein kann man gleich oben auf dem Burgberg probieren, denn hier gibt es eine herrliche altmodische Gaststätte mit großer Gartenterrasse, die Domschänke.

Beeindruckender noch ist ein Besuch im Dom, einem der stilreinsten deutschen Dome. Er ist klein, dunkel auch. Das gotische Gewölbe mutet wie ein Paar gefaltete Frauenhände an, so hoch und schmal ist es. Er wirkt sehr alt, entrückt geradezu. Gebaut wurde er im 13. Jahrhundert, doch sein Vorgängerbau, eine kleine Kapelle, war schon um 968 anläßlich der Gründung des Bistums Meißen durch Kaiser Otto I. errichtet und von 1006 bis 1073 in eine viertürmige romanische Basilika umgebaut worden. Wunderbar auch die Ausstattung, das Gemälde am Laienaltar vor dem Lettner stammt aus der Werkstatt von Lucas Cranach dem Älteren, die überlebensgroßen Stifter- und Patronatsfiguren an der Nordwand im Chor aus der Naumburger Dombauwerkstatt. Ehefrau Adelheid lacht ihrem kaiserlichen Gatten Otto I. verschmitzt zu, als sei sie besonders stolz auf den gemeinsamen Coup. Ein Bistum gründet man schließlich nicht alle Tage.

Die Türme aus dem 14. Jahrhundert, die den Domeingang und die westliche Fassade so nachdrücklich prägen, wurden übrigens erst zwischen 1903 und 1909 vollendet. Ein Blitzschlag hatte sie 1413 zum Einstürzen gebracht. Fast fünf Jahrhunderte lang hatte der Meißner Dom nur einen Turm, den Südostturm. Er wird »der Höckrige« genannt.

Hier oben auf dem Meißner Burgberg nahm die Macht- und Prachtentfaltung der Wettiner ihren Anfang. Hier steht die Wiege Sachsens. Den Charakter des Ursprünglichen hat Meißen bis heute bewahrt. Es fällt nicht schwer, hier die Entwicklung von frühester Besiedlung über eine befestigte Anlage zum Schutz der Bauern bis zum herrschaftlichen Haus mit gleich angrenzendem, großartigem Sakralbau nachzuvollziehen. Schon vor dreitausend Jahren in der Bronzezeit war der Berg von Menschen besiedelt. Auch die eingewanderten Germanen nutzten ihn als Wohnstätte. Nachdem sie abgewandert waren und die nachrückende sorbische Bevölkerung sich im Elbtal niedergelassen hatte, blieb der Berg dreihundert Jahre lang unbewohnt.

929 schuf Heinrich I. hier oben während seines Eroberungszuges ein befestigtes Lager mit Holzhäusern und einem hohen Wall. Schon bald kamen Türme und weitere Steinbauten hinzu. Ein Markgraf mußte das Grenzgebiet sichern. Das rief die Wettiner auf den Plan. 1089 belehnte sie Heinrich I. mit der Markgrafschaft Meißen. Als die Familie im 15. Jahrhundert den Höhepunkt ihrer Macht erreicht hatte, beschlossen die damals gemeinsam regierenden Brüder Ernst und Albrecht von Wettin in Meißen eine Residenz zu errichten, die Platz für zwei Hofhaltungen bot. Mit dem Bau beauftragten sie 1470 den genialen Baumeister Arnold von Westfalen.

Die spätgotische Schloßanlage, die 1676 den Namen Albrechtsburg erhielt, zählt zu den bedeutendsten und schönsten gotischen Profanbauten Deutschlands. Einzigartig sind die Vorhangbogenfenster und die neuartigen Zellengewölbe, die von dem Spiel mit Licht und Schatten leben. Auch die statische Lösung des Schlosses ist bemerkenswert, denn der Baumeister konnte auf die sonst üblichen Strebepfeiler an den Außenwänden verzichten, indem er die Stärke der Mauern von unten nach oben wachsen ließ. Als ein Meisterwerk des Treppenbaus gilt der Große Wendelstein, eine breite Treppe mit aufgelöster Spindel im Innern und konkav und konvex geschwungenen Stufen.

Obwohl das Schloß so einzigartig ist, wurde es kaum zu Wohnzwecken genutzt, denn die beiden Bauherren beschlossen, nachdem sie ihr väterliches Erbe lange gemeinsam regiert hatten, 1485 das Land zu teilen. Albrecht und seine Nachkommen erhielten ein eigenes Territorium mit Dresden als Zentrum. Ernst, der ältere Bruder, starb ein Jahr später in der Nähe von Colditz durch einen unglücklichen Sturz von seinem Pferd.

Obwohl auch August der Starke gut zwei Jahrhunderte später keinen Gedanken daran verschwendete, die Albrechtsburg zu seiner Residenz zu machen, empfand er sie immerhin als so wehrhaft und sicher, daß er dort Johann Friedrich Böttger und seine Porzellanmanufaktur unterbringen ließ. Schließlich handelte es sich hier um ein Procedere, das der höchsten Geheimhaltung bedurfte. Kein Mensch sollte von der wahren Rezeptur des »Weißen Goldes« erfahren.

Böttger war ein Hallodri. Der Apothekersohn aus Schleiz, den es auf seinen umtriebigen Pfaden schon bis nach Berlin verschlagen hatte, behauptete vollmundig, nachdem er die »Alltinktur« gemischt hatte, die angeblich gegen alle Leiden der Welt helfen konnte, jetzt werde er auch noch Gold machen, jedenfalls sei er kurz davor. August der Starke, notorisch schlecht bei Kasse, hörte davon, schickte seine Häscher in die preußische Großstadt und ließ den Mann kurzerhand festnehmen. Er sperrte ihn in die Kasematten (heute unter der Brühlschen Terrasse) und befahl ihm, dort gefälligst sein Gold zu spinnen. Ihm zur Seite und Bewachung stellte der sächsische König den würdigen Herrn von Tschirnhaus, der sich auch seit Jahren mit der Erfindung von wertvollen Materialien beschäftigte. Von Tschirnhaus' Ehrgeiz war es, das chinesische Porzellan neu zu erfinden.

Nachdem aus Böttgers Spinnerei nichts wurde, zog ihn von Tschirnhaus zu seinen Experimenten heran. Der Schleizer Alchimist und Apotheker sträubte sich erst dagegen, wurde dann aber unwillkürlich Zeuge, wie von Tschirnhaus nach vielen Versuchen 1708 die Erden fand, aus denen sich tatsächlich Gefäße formen und Porzellan brennen ließ. Kaum hatte er das Geheimnis entdeckt, starb der freundliche Herr, doch in seinem Nachlaß, der 1709 von Melchior Steinbrück, dem Hauslehrer der Familie, geöffnet und gesichtet wurde, fand sich die Rezeptur. Plötzlich war Böttger Feuer und Flamme, rannte zum König und verkündete im März 1709, er wisse jetzt Bescheid. Er und kein anderer würde das mit dem Porzellan schon schaukeln.

Unglaublich ist nach dieser Geschichte, daß Böttger heute als Erfinder des Porzellans gilt. Es ging Schlag auf Schlag: Meißen war nicht mehr nur Ausgangspunkt Wettiner Machtentfaltung, sondern wurde außerdem zur Säuglingsstation und Kinderstube europäischer Porzellangestaltung. Hier oben auf der Albrechtsburg wurde über hundertfünfzig Jahre lang Porzellan produziert, hier machte sich Böttger wichtig, hier wirkte der Porzellangestalter Johann Joachim Kaendler, hier entwickelte der Dekormaler Johann Gregor Höroldt die wichtigsten Dekorfarben. Hier unterrichtete der Dresdner Landschaftsmaler und Illustrator Adrian Ludwig Richter die Porzellanmaler in ihrer Kunst. Und Sachsen verdiente viel Geld mit dem Weißen Gold. Erst 1865 wurde die Manufaktur ins Triebischtal verlegt, wo sie heute noch zu finden ist.

Das Meißner Porzellan, original nur mit den zwei blauen gekreuzten Schwertern, erfreut sich bis heute großer Bedeutung. Die unterschiedlichsten Service, die Schalen, die Büsten und Kamine, nicht zuletzt die berühmten Figuren und Figürchen aus der Werkstatt Johann Joachim Kaendlers, bemalt und fein verziert, von verspielter, teils kindlicher Spaßigkeit – eine ganze Menagerie der wunderlichsten Dinge und Gegenstände ist hier entstanden.

Schließlich stammt aus Meißen auch das sagenumwobene Schwanenservice von Heinrich Graf von Brühl. Bei dem prächtigen Geschirr, das aus mehreren tausend Teilen besteht, weisen allein die Teller allesamt ein wundersames Relief auf. Ganz weiß in weiß begrüßen sich zwei Schwäne auf einem schilfgesäumten Gewässer. Neben ihnen steht ein Reiher mit Fisch im Schnabel, ein zweiter schwebt mit ausgebreiteten Flügeln darüber. Über das ganze Motiv ist die Form einer geschweiften Muschel gelegt, deren gebogene Rippen vom Mittelpunkt des Tellers konzentrisch bis zum Rand verlaufen. Jeder Teller ist mit zartem Goldrand und Streublumen verziert.

Von solchen Tellern kann eigentlich kein Mensch essen. Es sind Skulpturen, jeder für sich, kunstvoll modellierte Bilder aus Porzellan, die nur beiläufig den Anschein eines Gebrauchsgegenstandes haben. Ähnlich verhält es sich mit den Schüsseln und Kannen, den Schalen, Platten, Vasen, Kerzenhaltern, Ölkännchen, Gewürzdosen, den Wärmeglocken, Butterdosen und Saucieren, ja, sogar mit Besteck war das Schwanenservice ausgestattet. Jedes einzelne Teil ist ein unverwechselbares Meisterwerk, ein Original. Motive sind nicht mehr nur der Schwan, sondern unzählige Exemplare der Flora und Fauna des Wassers sowie seine mythologischen Gestalten.

Auf einer Terrine thront Venus. Zart wie ein junges Mädchen und mit schwarzen langen Haaren sitzt die Schöne im Muschelwagen, gezogen von einer Gruppe lebhafter Schwäne. Golden glänzen die Ränder des Wagens, tiefschwarz die Schnäbel. Das Gefäß ruht auf vier Füßen, die mit plastischen Muscheln besetzt sind. Die Griffe an den beiden Seiten sind wieder eigens modellierte, plastische Figuren, Tritonen mit doppelten Fischschwänzen, die in Muschelhörner blasen. Nur wer weiß, daß es sich um einen Teil des Schwanenservices handelt, erkennt, daß die Skulptur tatsächlich aus zwei Teilen besteht, aus Deckel und Gefäß.

Aber zu Brühls Zeiten war alles anders. Da aßen die Menschen von diesem Geschirr, zumindest setzten sie sich an die feierlich gedeckte Tafel und taten so. Denn auch beim Essen ging es nicht allein um Nahrungsaufnahme, sondern um Repräsentation, gepflegte Konversation und Festigung der gesellschaftlichen Stellung und Bedeutung, letztlich um Politik. Das allein rechtfertigt und belegt die Tatsache, daß Brühl das herrliche Service 1737 nicht anläßlich seiner Hochzeit mit der Gräfin Kolowrat-Krakowsky in Auftrag gab (die Heirat war schon 1734), sondern um seinen Verpflichtungen als Königlich polnischer und Kurfürstlich sächsischer Geheimer Kabinettsminister nachzukommen. Längst war es kein Geheimnis mehr, daß den König August III. größere Menschenansammlungen beunruhigten und langweilten. Er ging lieber abends um neun ins Bett. Dann zog der Hof ins Brühlsche Palais, und der Minister übernahm die Repräsentationspflichten des Königs.

Keiner weiß um diese Zusammenhänge besser als Ulrich Pietsch, Direktor der Porzellansammlung in Dresden, der 2000 eine fulminante Ausstellung mit detailreichem Katalog über das Schwanenservice ausrichtete. Im Dresdner Zwinger kann man auch heute eine der umfangreichsten Sammlungen von Schwanenservice besichtigen. Das verdankt die Welt der Porzellanliebhaber und Kenner des Weißen Goldes, nicht zuletzt die Familie Brühl, Karl Berling, damaligem Direktor des Dresdner Kunstgewerbemuseums, der Anfang der zwanziger Jahre nach Pförten reiste und etwa vierzig Stück auf Dauer für das Museum entlieh. Während des Krieges wurde die Leihgabe sorgfältig verpackt, in Schloß Reichstädt nahe Dresden ausgelagert und gelangte 1946/47 zurück in die sächsische Landesmetropole. Die Brühls hingegen mußten fliehen, Schloß Pförten ging verloren, und das übrige Schwanenservice wurde in alle vier Winde zerstreut.

Allein um seinen Verbleib ranken sich zahlreiche Legenden und Geschichten. Die wunderbare Erzählung »Utz« von Bruce Chatwin handelt von einem Prager Baron gleichen Namens, der, selbst klein und von unansehnlicher Gestalt, vollkommen entzückt war von seiner Sammlung Meißner Porzellans, darunter auch einige Stücke aus dem Schwanenservice. In den hübschen lebensfrohen Figuren sah er das in vollendeter Form, was er selbst nie würde sein können. Da er keine Nachkommen hatte, da er nicht wußte, wohin mit der kostbaren Last, zerschlug er die Figuren am Schluß in tausend Stücke.

Auf dem Burgberg zu Meißen, wo das Geheimnis des Weißen Goldes seine Ursprünge hat, wo die Wiege der Wettiner stand und ihre Machtentfaltung ihren Anfang nahm, wo originellerweise auch 1990 der Freistaat Sachsen gegründet wurde, finden sich heute noch Spuren der großen Zeit, die eine derartige Entwicklung und Bedeutung der Porzellankunst überhaupt ermöglichte. Auf dem Domaltar stehen zwei Kandelaber, darüber hängt ein schweres Kruzifix. Auch diese drei kunstvoll gefertigten Stücke stammen von Kaendlers Meisterhand. Matt schimmert ihr Weiß im Dunkel der zierlichen Kirche.

Besuchen Sie Madame Kamelie: Pillnitz

Denke ich an Pillnitz, habe ich immer das Gefühl, die Sonne würde scheinen. Am schönsten ist es dort tatsächlich im Sommer. Ich sehe das herrliche Palais direkt an der Elbe in seinem großzügig angelegten Park, der Lustgarten ist lichtüberflutet. Die Helligkeit blendet so, daß man fast nichts erkennen kann. Der Kies knirscht, Hitze brütet, Bienen summen um die blumenübersäten Beete, ein Springbrunnen verschafft mit seiner Fontäne leichte Kühlung. Italien läßt grüßen.

Doch weit gefehlt. Hier werden wir in einen ganz anderen Teil der Erde entführt: Fernöstlich muten die geschwungenen Dächer von Berg- und Wasserpalais mit ihren zahlreichen kleinen Kaminen an, die den Lustgarten an der nördlichen und der südlichen Seite begrenzen. Unglaublich schön sind ihre Wandbemalungen. Beide Palais sind mit zarten, asiatischen Motiven übersät, rot auf gelbem Grund oder graublau auf rotem Grund. In endlosen Prozessionen ziehen Chinesen in langen Gewändern, mit weiten Strohhüten und zarten Sonnenschirmchen, gefolgt von Kamelen und anderen Lasttieren, über das Land. Dazwischen Vögel, Palmen, fremdartige Pflanzen, Ornamente – diese Zeichnungen sind mit Worten nicht zu beschreiben, so außergewöhnlich. Man muß sie sich anschauen!

Matthäus Daniel Pöppelmann, der auch dieses Schloß konzipierte, nannte sie »indianisch«, aber sie haben natürlich nichts mit Karl May zu tun. Schon vor der Wende wurden sie sorgfältig wieder aufgefrischt, ganz allmählich haben die Restauratoren eine Figur nach der anderen aus der Wand herausgearbeitet. Pillnitz ist wieder schöner denn je.

Hier verbrachte die königliche Familie den Sommer. Im Neuen Palais, dem Mittelflügel, wurde gefeiert, dort befindet sich der quadratische Festsaal. Die einladende Freitreppe zur Elbe hin lud zu Gondelfahrten ein. Man konnte nicht nur per Kutsche, sondern auch ohne Schwierigkeiten mit dem Schiff von Dresden hier herauskommen, immer genüßlich elbaufwärts schaukelnd. Heute fährt man mit dem Auto oder dem Bus. Wer gut durchkommt, braucht keine halbe Stunde.

In den siebziger Jahren fuhr auch die Straßenbahn, bis die Stadtverwaltung fürchtete, die Wagen könnten für die Loschwitzer Brücke zu schwer sein. Da wurde der Bahnverkehr eingestellt. Die Schienen überließ man dem Zahn der Zeit. Jahrelang lagen in der kurvenreichen Pillnitzer Landstraße, die sich bis heute durch die pittoresken Dörfer an der Elbe entlangschlängelt, Straßenbahnschienen, obwohl schon längst keine Bahn mehr fuhr. Erst nach der Wende wurden sie entfernt. Nur ganz am Ende, kurz vor der Bushaltestelle Leonardi-da-Vinci-Straße, sind heute noch ein paar Meter zu entdecken.

Schon die Reise nach Pillnitz ist ein Genuß. Sie beginnt, je nachdem, von wo man startet, spätestens am Körnerplatz in Loschwitz. Hier treffen die wunderlichsten Wege und Fortbewegungsmittel aufeinander. Aus nördlicher Richtung führt die Standseilbahn vom Louisenhof herunter, sie gilt als eine der ältesten Bergbahnen Europas. Ein Stück weiter östlich halten die Gondeln der Schwebeseilbahn, die den Platz mit der Loschwitzhöhe verbindet. Sie ist die älteste Schwebebahn der Welt.

Aus dem Südosten schließlich führt die Straße über die berühmte Loschwitzer Brücke auf den Platz, eine Auslegerbrücke aus Stahlgitter, die ohne Flußpfeiler auskommt. Die Zeitgenossen nannten sie wegen der Farbe, mit der sie angestrichen wurde, »Blaues Wunder«. Die Brücke mußte mehrere Belastungsproben überstehen, bevor sie übergeben wurde. Eine Probe hat der Photograph August Kotzsch 1893 in einem seiner heute berühmten Bilder festgehalten. Das alte Photo zeigt Dampfwalzen, Pferdewalzen, Straßenbahnen, gefüllte Wassersprengwagen, Kutschen und hundertfünfzig Freiwillige, alle stehen sie gleichzeitig auf der fabelhaften Stahlkonstruktion. Trotz eines Gesamtgewichts von 157 Tonnen soll sich die Brücke damals lediglich um zwei Zentimeter gesenkt haben.

An ihrem hundertsten Geburtstag wurde die Belastungsprobe wiederholt. Unter Lachen, fröhlichem Pfeifen und Gejohle fanden sich unzählige Besucher des »Elbhangfestes«, des eindeutig schönsten Stadtteilfestes Dresdens, wieder auf der Brücke ein. Alles ging gut.

An ein Wunder grenzt auch, wie die Brücke den Zweiten Weltkrieg überlebte. Als sie gesprengt werden sollte, schlichen von beiden Seiten, ohne sich vorher abgesprochen zu haben, Dresdner Bürger an die Pfeiler heran und schnitten im letzten Moment die Zündschnur durch. Auf einer Tafel an der Brücke wird ihres Mutes gedacht. So blieb sie die einzige Brücke, die im Krieg nicht zerstört wurde.

Wundersam ist nicht zuletzt ihre Schönheit. Sie scheint über dem Wasser zu schweben, der tonnenschwere Stahl wirkt leicht und schwerelos. Hochauf ragen die hundertfach miteinander verbundenen Verstrebungen in den Himmel. Majestätisch hebt sie sich von dem Gewirr von Straßen und Häusern ab, die den steilen Hang zur einen Seite und die Ebene zu der anderen bestimmen. Trotz ihrer modernen Form paßt sie sich der Landschaft übergangslos an.

Wenige Schritte nach dem Körnerplatz liegt linker Hand die Loschwitzer Kirche, ein herrlicher achteckiger Bau, den der Architekt Georg Bähr konzipierte, bevor er die Frauenkirche in Angriff nahm. Als ich Anfang der Neunziger nach Dresden kam, wies diese Kirche noch erhebliche Kriegsschäden auf. Inzwischen hat man ihr wieder das Originaldach aufgesetzt, sie frisch gestrichen und feierlich eingeweiht. Nach Dresden kann man zum Glück nie zu spät kommen. Es wird nur immer noch schöner.

Das Blaue Wunder, die Bodenstation der Standseilbahn, die herrliche Kirche in blaßrosa – all das sieht man auf der Fahrt nach Pillnitz. Als nächstes fällt links das Künstlerhaus ins Auge, ein knallgelber Bau mit langen durchgehenden Fensterstreifen. 1897 gebaut, ist er eines der ersten Atelierwohnhäuser seiner Zeit und beherbergt bis heute namhafte Künstler.

Weiter führt der Weg am »Gare de Lune« vorbei, wo man im Ballsaal den Tangotänzern auflauern kann oder einfach im Sommergarten zwischen schneeweißen Gipsfiguren sitzt und auf die Elbe starrt. Die Straße schlängelt sich durch den Dorfkern von Wachwitz, oben am Hang ahnt man Schloß Wachwitz, Residenz der Wettiner im Rhododendrenhain. Schließlich weitet sich die Ebene, rechts stehen keine Häuser mehr, und der Blick geht weit über die Elbe. Gemächlich und breit fließt der mächtige Strom dahin.

Obstplantagen zur Linken kündigen Pillnitz an. Sie erinnern an die zweieinhalbtausend Maulbeerbäume, auf denen hier im 18. Jahrhundert lauter Raupen saßen und brav Seide für die Manufaktur der kurfürstlichen Kammer spannen. Heute ist davon nichts mehr zu finden.

Wer mag, kann sein Fahrzeug gleich am Ortseingang zurücklassen und sich über die Maillebahn praktisch von hinten an den Schloßpark heranschleichen, eine großzügig angelegte Kastanienallee mit breitem Rasenstreifen in der Mitte. Der Weg führt schnurgerade auf das Neue Palais und den Lustgarten zu. An seinem Ende sieht man die Fontäne vor dem Schloß. Die Bahn ist nach einem golfähnlichen Spiel benannt, das hier früher ausgetragen wurde. Statt Golf erwartet man heute eher ein paar Reiter, die kerzengerade und mit Zylinder auf dem Kopf, die Damen selbstverständlich im Damensattel, gelassen vorüberkantern.

In Dresden wird derzeit heiß diskutiert, ob man den Park schließen und Besucher nur noch gegen Eintritt hereinlassen sollte. Abgesehen von der Schloßleitung wehren sich alle vehement dagegen. In der Tat ist die Idee vollkommen absurd. Schließlich ist der Park ein Teil der Ortschaft, und viele Pillnitzer durchqueren ihn auf dem Weg zur Arbeit. Außerdem war er immer frei zugängig, selbst wenn der König hier residierte. Selbstverständlich wurde der königliche Hof ein wenig abgeschirmt gegen ungebetene Besucher, aber der Großteil des Gartens stand den Spaziergängern zur Verfügung.

Besondere Attraktion ist Madame Kamelie am Rande des Englischen Gartens. Sie ist die eigentliche Herrin von Pillnitz. Der umfangreiche, weit übermannshohe Strauch mit den üppigen Zweigen und unendlich vielen Blüten lebt seit 1801 im Schloßpark und spielt eine unermeßlich große Rolle. Wenn die Kamelie ausschlägt, geht jedes Jahr ein Raunen durch die Stadt, und alle Zeitungen bilden ihre erste Blüte ab. Dann strömen die Besucher, und zum Dank überschüttet sie die alte Dame großzügig mit ihrer rot leuchtenden Pracht. Was davon auf den Boden fällt, kann schließlich jeder aufheben und mit nach Hause nehmen.

Madame Kamelie hat ein eigenes Haus, das auf Schienen an sie herangefahren und zu ihrem Schutz im Winter über sie gestülpt wird. Ursprünglich war es aus Holz, und die maßlose Dame wuchs in ihren zweihundert Lebensjahren gnadenlos darüber hinaus. Doch die soziale Marktwirtschaft mit ihrer unendlichen Großzügigkeit schenkte der Kamelie ein neues Heim. Es ist fast doppelt so groß, hat gläserne Scheiben, und die Pflanze kann von allen Seiten bewässert werden. Als man den Preis für das fahrbare Glashaus veröffentlichte, grummelten zwar einige Besucher, wie viele Altersheime und Pflegestationen man von dem Geld hätte bauen können, aber darüber sehen wir locker hinweg. Die Marktwirtschaft ist eine gerechte Angelegenheit, und Pflanzen müssen schließlich auch alt werden.

Unweit der Kamelie steht die Orangerie, ein kühler, langgezogener Sandsteinbau, in dem ursprünglich Ringrennen stattfanden. Herrlicher noch sind die Glashäuser einige Meter weiter am Rande des Holländischen und Chinesischen Gartens. Wieviel Mühe hat es gekostet, sie wieder herzurichten, sie in ihrer unendlich glitzernden, gläsernen Pracht wiederauferstehen zu lassen. Bei schönem Wetter spiegeln sie den blitzblauen Himmel. In der Nacht werden sie zu einem riesigen, weiß funkelnden Kristall.

Auf der anderen Seite der Maillebahn hat die Strukturiertheit des Gartens bald ein Ende. Dann streicht man auf ausgetretenen Pfaden am Elbufer entlang, der Blick verharrt an einer besonders anmutigen Trauerweide oder verliert sich im wild wuchernden Schilf. Das Wasser läßt sich hinter den dichten Gräsern und Büschen nur erahnen.

Auf der Freitreppe läßt sich's gut sitzen, die Füße baumeln ein wenig im kühlen Wasser. Schräg gegenüber liegt die letzte Elbeinsel, ein vollkommen ursprünglich belassenes Stück Land. Betreten ist strengstens verboten. Unzählige Vögel sollen dort nisten, zahlreiche Insekten sich ungestört ausbreiten. War es nicht genau so eine Insel, auf der sich Tom Sawyer und Huckleberry Finn versteckten, um später mit diebischem Vergnügen, aber auch heimlichem Entsetzen von der Kirchenempore aus ihrem eigenen Begräbnis beizuwohnen? Auf einmal taucht ein Raddampfer auf, die Hitze flimmert, einige Passagiere sitzen ermattet im Schatten, wedeln sich mit den

Strohhüten Kühlung zu. Aus dem Lautsprecher klingen Dixieland-Töne herüber. In welchem Land befinden wir uns eigentlich? Ist das vielleicht der Mississippi? Dann sollten wir uns schleunigst in die Fluten stürzen und auf die Insel verschwinden – auf Nimmerwiedersehen.

Wer dem Lauf der Elbe folgt, kann um das ganze Schloß herumgehen und noch einen Blick auf die Frontseite werfen. Es ist durchaus lohnend, denn im Frühsommer tragen die zahlreichen Fliederbäume in dem kleinen Geviert lauter blitzblaue Blüten. Es sind Bäume der chinesischen Sorte Syringa chinensis, und sie wurden schon 1866 hier eingepflanzt.

Pillnitz wartet noch mit anderen zauberhaften Orten auf. Unweit des Schloßparks liegt mitten im Hügelland die Weinbergkirche, auch ein Pöppelmann-Bau. Dank ihres Dachreiters auf dem hohen Walmdach und dem barock-roten Anstrich der Fassade ist sie weithin sichtbar. Ein Stück oberhalb der Kirche verläuft am Waldrand ein romantischer Spazierweg. Von hier kann man die ganze Ebene überblicken, die Schloß- und Parkanlage, die Elbe.

Wer an der Parkmauer entlang Richtung Ortskern Pillnitz und Hosterwitz läuft, findet das Haus des Winzers Felsner, bei dem Carl Maria von Weber ab 1818 die Sommermonate verbrachte und komponierte. Der romantische und gleichzeitig ein wenig unheimliche Keppgrund hinter dem Keppschloß, nur einige Wanderminuten weit entfernt, soll ihn bei seiner Oper »Der Freischütz« stark inspiriert haben.

Zwischen dem ehemaligen Winzergut und dem Schloß steht das Blaschke-Haus, ein hübscher Bau, leider merkwürdig blau gestrichen, aber ein schönes altes Haus. Hier lebte bis zum Krieg die Familie Blaschke, eine Glasmacherfamilie, die Mitte des 19. Jahrhunderts aus dem Böhmischen hergezogen war. Vater Leopold und Sohn Rudolf Blaschke verstanden sich auf filigranste Glasarbeiten. Erst verdienten sie ihr Geld mit der Fertigung von wirbellosen Meerestieren für Museen, dann stand eines Tages 1886 der Direktor des Botanischen

Museums von Harvard vor der Türe und fragte, ob sie nicht auch in der Lage seien, Pflanzen und Blumen aus Glas herzustellen. Er brauche neues Anschauungsmaterial.

Die Männer nickten eilfertig, machten sich an die Arbeit, und fortan reisten die zartesten, feingliedrigsten und farbenreichsten Glasmodelle über den Atlantik. Wer Gelegenheit hat, sich die Blumen anzuschauen, ist baß erstaunt, daß sie aus Glas sein sollen, so federleicht und immateriell wirken die einzelnen Blättchen und Blüten. Täuschend echt sind auch die Insekten, die Blaschkes maßstabsgerecht hinzugefügt haben, damit man sich vorstellen konnte, wie groß die Pflanzen in natura sind. Über den Stil einer Apfelblüte kriecht eine fette Raupe. Auf einer anderen Blüte hat gerade ein Schmetterling Platz genommen. Das Tierchen scheint nur kurz innezuhalten. Gleich fliegt es weiter.

Einige der Blumen, die Harvard in Auftrag gab, kannten die Blaschkes gar nicht. Dann wurden Samen und Stecklinge nach little Hosterwitz geschickt, die Glasmacher pflanzten sie im heimischen Garten an und bildeten das, was dabei herauskam später im Modell ab. So gingen die Pakete jahrelang zwischen Dresden und Boston hin und her. Noch heute besitzt Harvard eine umfangreiche Sammlung gläserner Botanik.

Das sind Geschichten, die hört man einmal, man erzählt sie auch weiter, aber im Grunde glaubt man sie nicht. Hier in diesem kleinen Ort am Rande Dresdens soll ein Mann gelebt haben, der im 19. Jahrhundert mit seinem Sohn Blumen aus Glas gefertigt und sie bis in die Staaten exportiert hat? Das klingt so verrückt, da könnte man fast schon wieder meinen, die Elbe sei der Mississippi.

Auch für jene, die jetzt schon sehr müde sind, ein Hosterwitzer Kleinod muß noch sein: das ehemalige Schifferkirchlein Maria am Wasser. Es ist nicht leicht zu finden, man muß sich über verwinkelte Gassen vorbei an alten Fischerhäusern zur Elbe durchschlagen, aber wer es erreicht hat, wer nur einmal kurz um die Kirche herum auf den Friedhof gegangen ist und sich dahinter auf die Mauer gesetzt hat, die alten Grabsteine im Rücken, das Wasser zu Füßen, rechts die kleine Fähre hinüber nach Kleinzschachwitz – kein Scherz, nur ein ortstypischer Zungenbrecher –, der ist einfach glücklich. Versprochen.

Von Weißstörchen, Mohren und Badenden: Moritzburg

Die Straße nach Moritzburg führt schnurgeradeaus gen Norden. Als sei sie mit dem Lineal gezogen worden. Als habe August der Starke irgendwann gesagt, er wolle übrigens übermorgen jagen gehen, dort oben in den Wäldern, und dabei habe er mit dem Arm eine vage Richtung angezeigt. Als habe man ihn beim Wort genommen, sofort die Meßlatte an seinen Arm gelegt und eine Straße in diese unbestimmte Richtung gebaut. Und dazu noch ein Jagdschloß, denn irgendwo müssen Majestät ja, bitteschön, schlafen.

Das Schloß wirkt bis heute ein wenig unwirtlich, besonders im Eingangsbereich. Da stehen Kutschen rum, Wagen, da ist Raum für schwere Mäntel, Gewehre und schmutzige Stiefel. Erst oben im ersten Stock finden sich prächtige Empfangssäle, großzügige Salons und das feierliche Speisezimmer mit der langen Tafel. Auch hier hängen allerdings überall Jagdtrophäen an den Wänden. Im Grunde hat sich nichts geändert. Noch heute sollte man am besten mit der Pferdekutsche nach Moritzburg reisen und hoch zu Roß und mit keuchender Meute in den umliegenden Wäldern jagen gehen.

Gejagt wurde hier in der Tat, und das noch vor gar nicht langer Zeit, doch Ziel der Suche waren nicht Rehe, Hasen, Füchse oder Wildschweine, die hier zuhauf unterwegs sind, sondern der Silberschatz der Wettiner. Hobbyhistoriker und Kulturwissenschaftler, aber auch Schatzsucher und andere Spitzbuben zogen hier immer wieder durch die Wälder und versuchten, ihr Glück zu machen. Mehr als vierzig Kisten sollen, so wurde gemunkelt, die letzten Wettiner kurz vor Heranrücken der Roten Armee voll Silber gepackt und rasch zwischen den Bäumen verscharrt haben. Dann waren die sächsischen Prinzen Hals über Kopf Richtung Westen geflohen.

Fündig wurde schließlich ein Dresdner Postfahrer, nennen wir ihn einmal Vollsack, der sich gleich nach der Wende in Amerika einen Metalldetektor gekauft hatte und damit hartnäckig am Wochenende auf Silberfang ging. Zwar fand er keine vierzig Kisten, denn das größere Versteck hatte der Förster den Russen unter Zwang verraten müssen, doch Prinz Gero hatte schon zuvor drei Kisten mit den wertvollsten Stükken beladen und heimlich im Februar 1945 an anderer Stelle vergraben. Auf die stieß der Postfahrer, kostbarstes Tafelgeschirr, alte Bestecke, Kandelaber, Teekannen und, nicht zuletzt, den berühmten Mohrenkopfpokal von Wenzel Jamnitzer. Der Nürnberger Renaissance-Goldschmied hatte das Schmuckstück im 16. Jahrhundert für den sächsischen Hof gefertigt. Herr Vollsack war so ehrlich, sich zu melden und dem Direktor des Grünen Gewölbes von seinem Fund zu berichten. Der glaubte zu träumen. So etwas passiert einem nur einmal im Leben. Den Großteil des Silbers bekamen die Wettiner zurück, ein nicht unerheblicher Teil blieb in Sachsen, doch auch der Schatzgräber ging nicht ganz leer aus. Er erhielt einen saftigen Finderlohn.

Dabei spielt die höfische Jagd heute in Moritzburg kaum mehr eine Rolle. Das Haus ist ein Museum geworden, die Zeiten haben sich geändert. Zwar reduziert sich das Engagement der Museumsdirektion keineswegs auf die Innenräume und ihre Exponate und sieht durchaus die Nähe zu Wild, Wald und jagdlicher Tradition, aber eher in Form eines harmonischen Zusammenspiels zwischen dem Schloß und der wunderbaren Landschaft, die es umgibt.

Moritzburg ist ein Gesamtkunstwerk. Die herrliche Schloßanlage wäre nicht ohne seine verwunschene, weitgehend unberührte Natur denkbar, und auch die sumpfige, seenreiche Umgebung hätte ohne das herrliche Jagdschloß und seine Kavaliershäuschen, das Fasanenschlößchen und die alten Höfe, Treppen und Sandsteinfiguren nicht den Charakter einer Kulturlandschaft. Wie die Wasseroberfläche, die den mächtigen Bau umgibt, das Schloß spiegelt, spiegelt auch die Architektur den Charakter der natürlichen Umgebung wider, die Unwegsamkeit der Wälder, den Zorn von Naturgewalten, die scheue Zurückgezogenheit von Vögeln und Wild.

Das Wechselspiel zwischen Barock und anmutiger Landschaft inspiriert Kuratoren zu außergewöhnlichen Kunstausstellungen, die hin und wieder eigens für diesen Ort konzipiert werden. Sie versuchen bewußt, die Landschaft und Kunst, die hier entstanden ist, mit einzubeziehen. Das ist in vielerlei Hinsicht verdienstvoll. Ich wußte von den Brücke-Malern, den Dresdner Expressionisten Schmidt-Rottluff, Heckel oder Kirchner, wußte von ihrer Angewohnheit, gemeinsam in Moritzburg zeichnen und vor allem unbekleidet schwimmen zu gehen. Davon zeugen schließlich ihre herrlichen und zahlreichen Zeichnungen »Badende an den Moritzburger Seen«. Sie sind sehr farbig und bestehen teilweise nur aus wenigen Pinselstrichen, Andeutungen sozusagen, sind dabei aber von derart atmosphärischer Dichte, daß man förmlich das Planschen im Wasser, das Rufen und Lachen im Hintergrund zu hören glaubt. Nirgends ist es sinnvoller, diese herrlichen Bilder zu zeigen, als in Schloß Moritzburg.

Ich kannte auch die Vorliebe heutiger Dresdner Künstler für ethnologische Sammlungen, Mexiko-Reisen, Völkerkundemuseen und eifriges Didgeridoo-Spielen. Ja, ich muß zugeben, daß ich dieses unendlich lange, hölzerne Instrument aus Australien mit seinem dumpfen Gehupe überhaupt erst in Dresden kennengelernt habe. Vollkommen selbstverständlich werden hier Kulte und Schnitzkunst von Eingeborenen gleichermaßen wertgeschätzt und wahrgenommen wie die Bilder italienischer Meister der Frührenaissance.

Ich hatte auch verstanden, daß eine erfolgreiche Dresdner Geschäftsfrau auf meine Interviewfrage, ob sie hin und wieder Zeit für Kultur habe, antwortete, ja, sie sei mit ihrem Mann letztes Jahr auf den Philippinen gewesen. Eigentlich hatte ich erwartet, sie erzähle mir etwas von einem Abonnement bei der Semperoper oder regelmäßigen Theaterbesuchen.

Aber erst in Moritzburg begriff ich, daß diese Selbstverständlichkeit hierzulande Tradition hat und daß sie von den Expressionisten begründet wurde. Manches versteht man eben erst am Ort des Geschehens. Die Ausstellung von den »Badenden an den Moritzburger Seen« war kombiniert mit Speeren, unheimlichen Masken und Trommeln aus exotischen Ländern, mit afrikanischen Skulpturen. Mitten im Raum stand ein ellenlanger Einbaum. Großformatige, ein wenig dunkle Photos aus den Ateliers zeugten von der Passion der Expressionisten für Kunst aus exotischen Ländern. Einer der Künstler auf den Photos trug weite, undefinierbare Gewänder und posierte vor einem schweren handgewebten Teppich von irgendeiner Südseeinsel. Ein anderer stand in seinem Atelier, umgeben von fremdländischen Plastiken. Die Einflüsse von Kunst aus der Südsee oder Afrika machen sich, wie die Ausstellung sehr schön zeigte, auch in den Bildern der Expressionisten bemerkbar.

Das Konzept, Kunst und Natur zu einem harmonischen Ganzen zu verbinden, hat allerdings auch seine Tücken, insbesondere, wenn einzelne Teile oder Mitglieder der Natur eine persönliche Schwäche für die Kunstwerke entwickeln. Das zeigt die Geschichte vom Weißstorch, der beschlossen hatte, auf dem Fasanenschlößchen zu nisten, einem kleinen, schmucken Rokokobau in zartem Rosa, unweit vom Jagdschloß entfernt. Ursprünglich schmückte eine farbenprächtige Holzskulptur sein Dach, ein würdiger Mandarin aus dem fernen China mit knallroten Pantoffeln, dem ein Mohr schützend den Sonnenschirm über den Kopf hält. Die mußte jedoch restauriert werden, und man holte sie von dem Dach herunter. Als der Chinese nach für DDR-Verhältnisse naturgemäß langer Zeit aus der Werkstatt zurückkam, war sein Platz besetzt.

Nun ist der Weißstorch aber eine geschützte Vogelart, und wer auf die Besonderheiten seiner landschaftlichen Umgebung pocht, die es genauso zu schützen gelte wie die ehrwürdigen Kunstdenkmäler, kann schlecht einen Weißstorch vertreiben. Er kann ihn auch nicht einfach umsiedeln, denn wenn Jungstörche sich und ihr Heim unverhofft auf einem anderen Hochsitz wiederfinden, bekommen sie Depressionen und stürzen sich zu Tode. Wer das Nest aber wegräumt, sobald es leer ist, weil Meister Adebar gen Süden gereist ist, läuft Gefahr, daß der kostbare Vogel nicht mehr wiederkommt. Das mögen die Naturschützer auch nicht.

Man kann also nur abwarten und hoffen, daß der Weißstorch im nächsten Jahr das Schlößchen verschmäht. Zu diesem Zweck hatte die Museumsdirektorin Nistabweiser auf das Barockdach setzen lassen und drei hohe Stämme mit gemütlichen Nistscheiben in luftiger Höhe in der Nähe plaziert, um das Tier zum Umzug zu bewegen. Doch der Storch war unerbittlich. Kaum war der Winter vergangen, kehrte er zurück, zwängte sich zwischen die Nistabweiser und begann wieder genüßlich zu brüten. Auf Schloß Moritzburg breitete sich langsam Verzweiflung aus.

Eines Tages ereignet sich ein Unglück. In einer schwülen Sommernacht wurde die Storchenmutter vom Blitz getroffen. Kläglich hing ihr Flügel über den Nestrand. Die Forstleute stiegen vorsichtig hinauf, um die schwarzweiße Dame zu bergen und würdig zu bestatten. Heimlich frohlockte die Museumsdirektorin, doch wieder vergebens. Obwohl seine Gefährtin so empfindlich getroffen worden war, kehrte der Weißstorch im nächsten Jahr erneut auf das Fasanenschlößchen zurück.

Das war das Ende. Moritzburg resignierte. Soll der Storch doch machen, wozu er lustig ist. Der schmucke Chinese wurde mißmutig im Schloß aufgestellt.

Klingt wie ein Scherz von Hofnarr Fröhlich und seinem Spießgesellen Baron Schmiedel, die als unverwüstliches Taschenspieler- und Unfug-Gespann den sächsischen Hof bei Laune hielten. Nicht umsonst heißen die beiden Spaßmacher in Ignacy Kraszewskis historischem Roman »Graf Brühl«, der das Leben am Hof Augusts des Starken und Augusts III. hingebungsvoll schildert, »Frosch« und »Storch«: »Frosch und Storch begannen, sich gegenseitig überholend, ins Zimmer zu rennen, und fielen so unglücklich zur Tür herein, daß Storch sich überschlug und Frosch sich ihm gleich auf den Rücken setzte. Der König begann herzlich zu lachen und hielt sich die Seiten. Der gedemütigte Storch versuchte, sich sofort an seinem Gegner zu rächen, er erhob sich plötzlich in der Annahme, er könne Frosch zu Boden werfen, aber der vorsichtige Kleine rutschte an seinem Rücken hinunter und verschwand in der Ecke, wo er sich hinter dem Stuhl versteckte.«

Hofnarr Fröhlich begleitete den Sachsenkönig auf fast allen großen Reisen, sogar bis nach Warschau. Kein Wunder, daß die beiden Spaßmacher auch hier in Moritzburg in Form von Skulpturen verewigt wurden. Schelmisch schauen sie aus dem Dach des ehemals Sächsischen Landstallamtes, in dem früher die zahlreichen Pferde untergebracht waren, derer die höfischen Jäger bedurften. Der weitläufige Bau gleich rechts an der Hauptstraße birgt heute noch zahlreiche Pferde und Stallungen. Hier wird auch jedes Jahr im September die Moritzburger Hengstparade ausgerichtet.

Der Weißstorch vom Fasanenschlößchen hatte übrigens

irgendwann ein Einsehen und verzichtete großzügig auf sein Nutzungsrecht. Inzwischen sitzt der Chinese samt Mohr wieder auf dem Dach. Nach wie vor steht das Kommen und Gehen der Störche jedoch im Mittelpunkt der Aufmerksamkeit. Wer zu dem Rokokoschlößchen wandert, findet unten auf der Wiese eine Tafel, auf der handschriftlich festgehalten ist, wann die langbeinigen Vögel aus dem Süden kommen, wie lange sie bleiben und wie viele Jungen Jahr für Jahr heranwachsen. Meist erreichen sie die Moritzburger Teichlandschaft Ende März und fliegen im August wieder weg. Im Jahr 2003 schlüpften, laut Tafel, keine Jungen. Ob die Störche ein Trauerjahr eingelegt haben, weil sie ihr edles Rokokonest aufgeben mußten?

Mit Jungstörchen oder ohne, das Fasanenschlößchen und seine Umgebung sind eine wunderbare Gegend. Sie stimmt friedlich und gleichzeitig heiter. Auf den flachen Treppenstufen, die zu dem Häuschen hinaufführen, wächst Moos. Zu ihren Füßen lädt eine Steinbank zum Verweilen ein. Im Hintergrund hört man Fasanen schreien. Sie erinnern an die umfangreiche Vogelaufzucht, die weiten Volieren, die sorgfältig gehaltenen Gehege, die hier im 19. Jahrhundert existierten – ein Steckenpferd von Friedrich August III.

Unten auf der Wiese stehen zwei langgestreckte Landhäuser mit geschwungenen Dächern und Hechtaugen-Fenstern. Wie hingemalt. Sie lenken den Blick auf den Großteich mit seiner künstlichen Mole und dem rotweißen Leuchtturm. Die Anlage diente dem sächsischen Herrscherhaus zur Unterhaltung. Auf dem Großteich imitierten sie Seeschlachten mit eigens dafür gebauten Holzfregatten. Der Leuchtturm und die weitläufige Anlegestelle vervollkommneten die Illusion von der Nähe zu einem »Sächsischen Meer«.

Der Verein »Muse im Fasanengarten« engagiert sich für Festlichkeiten und Musikaufführungen rund um das Fasanenschlößchen. Auch die historischen Wasserfahrzeuge würden seine Mitglieder gerne rekonstruieren. Wahrscheinlich sind hier letztlich viele irgendwie mit August dem Starken verwandt. Woher haben sie sonst alle ihre Verspieltheit, ihre verrückten Ideen?

Von der Mole kann man weit über den großen Teich schauen, der Himmel spiegelt sich im Wasser, Sonnenstrahlen blitzen auf. Jenseits des Sees sind wildes Uferland zu erkennen, lange Grashalme, Schilfblätter. Weiden hängen ihre endlosen Arme ins Wasser. Unberührtes Land. Man möchte in ein Boot steigen und ein wenig hinauspaddeln, sich treiben lassen, still werden, die Vögel beobachten. Sonnenwärme auf der Haut.

Einer Künstlerin kann man in Moritzburg begegnen, die man hier nicht unbedingt vermutet: Käthe Kollwitz. Die große Meisterin, bekannt für ihre liebevollen Graphiken und schwermütigen Skulpturen, verbrachte in Sachsen ihre letzten Lebensmonate. Als sie in Berlin ausgebombt worden war, bezog sie im Juli 1944 im sogenannten »Rüdenhof« der Grafen zu Münster, unweit des Schlosses, ihre letzte Bleibe. Am 22. April 1945 starb die große Künstlerin und wurde auf dem hiesigen Friedhof beerdigt, später in das Familiengrab in Berlin-Friedrichsfelde überführt.

Im Rüdenhof hat die Stadt eine kleine Gedenkstätte eingerichtet. Das Erdgeschoß ist aktuellen Ausstellungen junger Künstler und Künstlerinnen vorbehalten. Eine schmale Holztreppe führt hinauf in die beiden bescheidenen Zimmer, die Käthe Kollwitz bewohnte. Das Fenster zum See, das sie in ihrem Tagebuch erwähnt, ist klein, aber zu welcher Jahreszeit auch immer, man hat das Gefühl, es stünde weit offen. Der Blick geht heute noch ungehindert über die glitzernde, wasserblaue Fläche hinüber zum Schloß. Auf der anderen Seite ist der Wald zu sehen. Die dunklen Bäume spiegeln sich im See. Es ist ein schöner Ort. Er stimmt manchmal schwermütig, aber nährt gleichzeitig die Hoffnung, daß die bewundernswerte Frau hier Frieden und Ruhe fand.

Dresden ist Musik

Wer sich Dresdens Umland nicht erwandern möchte, wer partout kein Spaziergänger oder Radfahrer ist, der sollte die Gelegenheit nutzen, Meißen, Pillnitz, die Weinbergkirche, Moritzburg, die Festung Königstein oder Schloß Weesenstein dann zu besuchen, wenn dort ein Konzert gegeben wird. Ob nun im Pillnitzer Park oder auf den Stufen vorm Fasanenschlößchen in Moritzburg, nie lassen sich die barocken Anlagen genauer betrachten, nie stimmungsvoller genießen, als wenn dabei Musik erklingt.

Sachsen ist dafür bekannt, daß hier an den originellsten Orten, in Schlössern oder Gärten, Kirchen oder auf Brücken, Theater und Musik aufgeführt werden. Die Felsenbühne Rathen habe ich schon erwähnt, aber gespielt wird auch in der Kornkammer von Burg Stolpen, in den Elbauen am Blauen Wunder oder in einem Steinbruch. Im Rahmen des Musik-Festivals »Sandstein & Musik« findet jedes Jahr ein Konzert mit der Neuen Elbland Philharmonie vor frischgebrochenen Felsen statt.

Dresdner sind im Entdecken ungewöhnlicher Aufführrungsorte unschlagbar. Oft geben die Konzerte die einmalige Gelegenheit, den Ort des Geschehens überhaupt erst von innen zu sehen. Gerade in den Dörfern gibt es viele kleine protestantische Kirchen, die meist geschlossen sind. Auch in die Kornkammer von Stolpen kommt man nicht alle Tage. Es ist, als wollten sich die Interpreten und Impresarios Orte und Plätze systematisch er-spielen, als wollten sie sich fremde Räume mit Hilfe von Musik aneignen und damit besser kennenlernen, Gäste nur in Begleitung herrlichster Melodien dort hineinführen.

Die Musiker oder Sänger selbst legen ungewöhnlichen Ehrgeiz in das Musizieren im Freien unter durchaus erschwerenden Bedingungen, aber möglichst weit weg von wohltemperierten Konzertsälen, spießigen Garderoben und weichen Zuhörersesseln. Man spielt auf der grünen Wiese, im Park und auf der Heide, probiert Echos am Waldrand und versucht das Rauschen von Bächen oder das Pfeifen des Windes in seine Inszenierung zu integrieren.

Dabei mangelt es den Interpreten nicht an Würde oder gar Ernsthaftigkeit. Ob sie im Wald oder auf der Heide auftreten, sie erscheinen in vollendeter Garderobe, treten höflich vor, als müßten sie tatsächlich eine Bühne erklimmen, und verbeugen sich zum Schluß freundlich und formvollendet vor dem Publikum.

Dresden ist Musik, und die Dresdner lieben Musik. Sie schenken auch Musik, und das nicht nur in Form von Schallplatten oder CDs. Wir bekamen zu unserer Hochzeit einen Pianisten geschenkt, er sollte für uns aufspielen, wenigstens ein paar Stunden lang. Und obwohl wir mitten auf der grünen Wiese und fernab jeglicher befestigter Straßen feierten, war selbstverständlich zu dem Abend auch ein Klavier da. Das hatte eilfertig ein anderer Gast besorgt. Der Pianospieler kam, wie könnte es anders sein, natürlich im Frack.

Die Nähe und Liebe der Dresdner zur Musik kommt nicht von ungefähr. Zahlreiche bekannte Komponisten wie

Richard Wagner, Robert Schumann, Clara Wieck, Carl Maria von Weber, Johann Gottlieb Naumann stammen aus Dresden oder haben hier jahrelang gearbeitet. Der kurfürstlich-sächsische Hofkapellmeister Heinrich Schütz komponierte 1627 mit »Dafne« die erste deutsche Oper überhaupt. Viele Orchesterstücke und Singspiele wurden hier uraufgeführt, das Konservatorium für Musik erfreut sich eines ausgezeichneten Rufes. Neben dem Festival »Sandstein & Musik« finden jedes Jahr die »Dresdner Musikfestspiele« statt. Nach der Wende ist der »MDR Musiksommer« hinzugekommen.

Und es gibt den berühmten Kreuzchor. Seine Sänger sind zwischen neun und neunzehn Jahren alt und gehen alle auf dasselbe Gymnasium, ja manche auch in das Internat. Die Kreuzschule richtet sich mit ihren Unterrichtsstunden und dem Lernstoff größtenteils nach den Probenzeiten und Auftritten ihrer Schüler. Hundertfünfzig von ihnen gehören zu dem achthundert Jahre alten Chor, rund achtzig dürfen mit auf Tournee.

Kruzianer zu sein ist eine Ehre. Es ist eine ähnlich große Auszeichnung wie die Mitgliedschaft bei den Leipziger Thomanern. Knapp zwanzig Jungen dürfen jedes Jahr nach intensivem Auswahlverfahren zur Aufnahmeprüfung antreten. Nur wenige werden genommen. Schon zu DDR-Zeiten waren sie gefeierte Gäste in Kirchen und Konzertsälen des In- und Auslandes. Gastspiele führten den Chor bis nach Japan, Israel, Kanada und in die Staaten. Größere Tourneen unternimmt er gewöhnlich dreimal im Jahr. Hinzu kommen häufige Gastspiele im deutschsprachigen Raum und unzählige Tonaufzeichnungen.

Obwohl sie alle hoch begabt sind, obwohl ihnen eine glänzende Karriere bevorsteht – die Kruzianer sind kein arroganter Haufen. Sie stehen in enger Verbindung zu ihren Dresdner Verwandten, Bekannten, zu ihren treuen Zuhörern. Es ist ein wohlwollendes Geben und Nehmen, was hier zu spüren ist, Unterstützung und Anhänglichkeit auf der einen Seite sowie

Großzügigkeit und Dank auf der anderen. Jeder noch so begabte Musiker weiß ja, daß er ohne den Zuspruch seines Publikums nicht bestehen kann. Und die Stadt ist sehr stolz auf ihre Kruzianer.

Das zeigt sich vor allem bei der jährlichen Christmette am 25. Dezember. Dieser Tag beginnt furchtbar früh. Das Krippenspiel ist um sechs Uhr morgens, und jeder, der dorthin kommt, ist noch wesentlich früher aufgestanden, denn schon gegen halb sechs findet man in der Kreuzkirche am Altmarkt kaum einen Stehplatz mehr. Das Haus ist brechend voll. Dabei ist Weihnachten, jeder hat einen langen Abend hinter sich, jeder ist erschöpft von den tagelangen Vorbereitungen auf Heiligabend. Außerdem ist Winter, draußen ist es stockdunkel, und die Luft ist so kalt, daß man den Atem sehen kann.

Trotzdem haben sich alle auf den Weg gemacht. Und sie kommen von weit her. Wer um diese Uhrzeit in Dresden ein Auto fahren hört, weiß, daß die Insassen zum Krippenspiel wollen. Straßenbahnen und Busse verkehren noch nicht. Es ist ganz still, so still, daß man das Getrappel der Füße in den leeren Straßen hören kann. Das Geräusch kommt aus allen Richtungen. Die Leute gehen schnell, schweigend. Sie sind zu müde, um zu reden. Sie haben es eilig. Das Trappeln wird immer lauter, am Altmarkt bricht es jäh ab. Schwer öffnen sich die hohen Kirchentüren, drinnen herrscht wohlige Wärme. Es riecht nach Wachs und dicken Mänteln.

Auch hier brennt kaum Licht. Die ersten Töne klingen aus dem Halbdunkel. Die Stimmen sind sehr hoch, sie hören sich an wie Glocken. Beim Krippenspiel treten traditionsgemäß alle Kruzianer auf, die Großen und die Kleinen, die dunklen, kraftvollen Stimmen und die zarten, jungen. Heute morgen wirken sie besonders klar, besonders präsent. Aufgeregte Kinder, Jungen, Männer, alle ein wenig überdreht. Keiner hat in dieser Nacht ein Auge zugetan: Erst der Auftritt bei der Christvesper am Vorabend, dann essen, ausziehen, hinlegen, anziehen, frühstücken und wieder einsingen.

Aber sie kennen ihre Texte gut, sie sind in Hochform. Das Programm ist seit Jahren dasselbe, sie singen im traditionellen Wechselgesang zwischen Altarchor und Hauptchor, nehmen die Zuhörer in ihre Mitte. Die Sänger am Altar tragen historische Kurrendemäntel. Ihr Thema ist die Geburt Christi, sie erzählen vom Wunder der Weihnacht. Neben der mittelalterlichen Tradition, das biblische Geschehen nachzustellen und davon zu berichten, greifen sie die alten Lieder auf, singen alle Strophen, all die bekannten, geliebten Melodien. Schon bei ihrem Klang geht einem das Herz auf. Dann hört man den Text, die vertrauten Worte. In Gedanken singt jeder mit. Erinnerungen aus der Kindheit werden wach, Bilder steigen auf. Sie bringen Trauer mit sich, Wehmut vielleicht, aber auch tiefe Freude, Wärme, Zufriedenheit. Für viele hat Weihnachten jetzt erst begonnen.

Meine Gebrauchsanweisung für Dresden besteht zum Großteil aus Betrachtungen über Architektur, Kunst, Theater, Ausstellungen, Geschichte, Musik, Essen, Sprache, Licht und Atmosphäre. Das klingt vielleicht ein wenig merkwürdig, wenn nicht gar einseitig. Ist Dresden wirklich nur Kultur? Interessieren sich die Dresdner, selbst die jungen, ausschließlich für Kunst und Musik, Architektur und Geschichte?

Wer jemals daran zweifeln sollte, daß Dresden und Kultur eine Einheit ist, die Dresdner und ihre wunderschöne, weil kunstreiche Stadt tief miteinander verbunden sind, der muß nur einmal mitten im bitterkalten Dezember um vier oder fünf Uhr früh aufstehen, um rechtzeitig zum Krippenspiel in die Kreuzkirche zu kommen. Dann gehen ihm die Augen auf. Und sicher auch das Herz.

Bibliographie

Bruce Chatwin, Utz, München 1989.

Walter Fellmann, Sachsen, Kultur und Landschaft zwischen Dresden, Leipzig und Chemnitz, Köln 1992.

Volker Helas, Gudrun Peltz, Jugendstilarchitektur in Dresden, Dresden 1999.

Erich Kästner, Als ich ein kleiner Junge war, Zürich 1957.

Erich Kästner, Seelisch verwendbar. 66 Gedichte, 16 Epigramme und 1 prosaische Zwischenbemerkung. Ausgewählt von Teofila Reich-Ranicki. Mit einem Essay von Marcel Reich-Ranicki, München 1998.

Victor Klemperer, LTI, Leipzig 1975.

Victor Klemperer, Zwiespältiger denn ja, Dresdner Tagebuch Juni bis Dezember 1945, Dresdner Hefte, Sonderausgabe 1995, Dresden 1995.

Józef Ignacy Kraszewski, Sachsen-Trilogie: Gräfin Cosel, Graf Brühl, Aus dem Siebenjährigen Krieg, Rudolstadt 1965.

Ralf Kukula und Thomas Claus (Hrsg.), Ballhäuser in Dresden, Text: Volker Helas, Dresden 1997.

Ulrich Pietsch (Hrsg.), Schwanenservice. Meißener Porzellan für Heinrich Graf von Brühl, Redaktion Claudia Valter, Leipzig 2000.

Ludwig Renn, Adel im Untergang, Berlin und Weimar 1987.

Werner Schmidt u. a., Kokoschka und Dresden, Leipzig 1998.

Ralf Stabel, Tanz, Palucca! Die Verkörperung einer Leidenschaft, Berlin 2001.

Klaus Stiebert (Hrsg.), Zauberort. Dresden im Gedicht. Photographien von Werner Lieberknecht, Dresden 2004.

Dirk Syndram, Meisterwerke aus Dresden. Grünes Gewölbe, Leipzig 1995.

Dirk Syndram, Das Grüne Gewölbe zu Dresden, München und Berlin 1997.

Lene Voigt, Säk'sche Balladen, Reinbek 1978.

Elfriede Walther u. a., Moulagen. Krankheitsbilder in Wachs, Dresden 1993.

Bereits erschienen:
Gebrauchsanweisung für ...

Amerika
von Paul Watzlawick

Amsterdam
von Siggi Weidemann

Barcelona
von Merten Worthmann

Bayern
von Bruno Jonas

die Bretagne
von Jochen Schmidt

China
von Kai Strittmatter

Deutschland
von Maxim Gorski

Dresden
von Christine von Brühl

das Elsaß
von Rainer Stephan

England
von Heinz Ohff

Florenz
von David Leavitt

Frankreich
von Johannes Willms

Genua und die Italienische Riviera
von Dorette Deutsch

Griechenland
von Martin Pristl

Hamburg
von Stefan Beuse

Irland
von Ralf Sotscheck

Italien
von Henning Klüver

Japan
von Gerhard Dambmann

Kalifornien
von Heinrich Wefing

Köln
von Reinhold Neven Du Mont

London
von Ronald Reng

01/0002/02/L

München
von Thomas Grasberger

New York
von Verena Lueken

Paris
von Edmund White

Polen
von Radek Knapp

Portugal
von Eckhart Nickel

Rom
von Brigitte Schönau

das Ruhrgebiet
von Peter Erik Hillenbach

Salzburg und
das Salzburger Land
von Adrian Seidelbast

Schottland
von Heinz Ohff

die Schweiz
von Thomas Küng

Sizilien
von Constanze Neumann

Spanien
von Paul Ingendaay

Südengland
von Elke Kößling

Südfrankreich
von Birgit Vanderbeke

Südtirol
von Reinhold Messner

Sydney
von Peter Carey

Tibet
von Uli Franz

die Toskana
von Barbara Bronnen

Tschechien und Prag
von Jiří Gruša

die Türkei
von Iris Alanyali

Venedig
von Dorette Deutsch

Wien
von Monika Czernin

01/0002/02/R

PIPER

Bruno Jonas
Gebrauchsanweisung für Bayern

180 Seiten. Gebunden

Wo liegt Bayern? Wer lebt dort? Franken, Schwaben, Oberpfälzer, Allgäuer, Bayern, Zugereiste? Was hat es mit dem Vielvölkerstaat Bayern auf sich? Wie setzt sich das Volk der Bayern zusammen, und wer darf sich Bayer nennen? Stimmt es, daß die Lieblingsbeschäftigung der Bayern Fingerhakeln, Schuhplatteln und – Granteln ist?
Bruno Jonas, scharfzüngiger Kabarettist und Niederbayer, legt seine besondere Beziehung zum Land der Zwiebeltürme und Schweinshax'n, der glitzernden Seen und saftiggrünen Buckelwiesen, der Barockklöster und Biergärten dar – logisch, daß dabei Kultstars wie König Ludwig und die Dreifaltigkeit CSU, BMW und FCB nicht fehlen dürfen.

01/1060/01/R

PIPER

Thomas Grasberger

Gebrauchsanweisung für München

214 Seiten. Gebunden

Manch einer glaubt, München sei ein Lebensgefühl. Und dieses Gefühl ist weiß-blau, Dallmayr und Maximilianstraße, es ist Freizeit, Schickimicki und Voralpenland. Aber manch einer irrt. Denn München ist mehr als nur Oktoberfest und Hauptstadt der Bayern. Hinter den Kulissen der Film- und Bierstadt gibt es Interessantes und Historisches, Skurriles und Vielfältiges zu entdecken. Thomas Grasberger geht dem Homo bavaricus auf den Grund, und er erkundet für uns die Seele des »echten« Münchners. Er führt uns in die Zeit, als Schwabing noch Boheme bedeutete, als Giesing noch ein Arbeiterviertel war. Und er kennt sich im Englischen Garten ebenso gut aus wie an den Stammtischen der bayrischen Grantokratie. Manch einer wird in diesem Buch verblüffende Entdeckungen machen – und für jeden wird es ein ungeheures Vergnügen sein, München darin auf ganz besondere Weise zum ersten Mal zu begegnen.

01/1047/01/L

PIPER

Stefan Beuse
Gebrauchsanweisung für Hamburg

169 Seiten. Gebunden

Wer mit dem Auto nach Hamburg will und es nicht besser weiß, fährt durch den Elbtunnel. Und zwar ganz langsam. Weil's so schön ist ...
Am Ende des Tunnels jedenfalls, wartet eine ganz neue Welt auf den Besucher. Eine Welt aus Wasser, Wind und Barbourjacken, aus rotem Backstein und prunkvollen Villen, aus Business-Tempeln und dem Geruch von Teer und Fisch. Nach dem Elbtunnel sollten Sie sich anschnallen: Vergessen Sie alles, was Sie je über Seefahrerromantik gehört haben. Über die Reeperbahn nachts um halb eins. Über die Beatles im Starclub. Über blaue Jungs und Hamburger Deerns. Hamburg ist anders. Ganz anders. Und Stefan Beuse weiß warum. Er wird Ihnen erklären, warum es so schwer ist, den Aal in der berühmten Aalsuppe zu finden, warum der Hamburger im Grunde seines Herzens schon immer ein Brite gewesen ist und warum man sich die schöne »Strandperle« nicht um den Hals hängen kann.

01/1011/02/R